Inge Maria Grimm

Aus dem Träumeland

5-Minuten-Geschichten

Mit Zeichnungen von
Edith Adam

Dieses Buch wurde der Umwelt zuliebe
auf chlorfrei gebleichtem Papier gedruckt

Im Auftrag hergestellte Sonderausgabe

Inhalt

Willkommen im Träumeland!

Als euer Sandmännchen bringe ich euch jeden Abend viele Träume. Die sind manchmal lustig, manchmal ernsthaft. Sie sind närrisch oder auch klug, bunt wie ein Luftballon oder grau wie ein Rattenschwanz. Ihr wißt schon, was ich meine, nicht wahr?
An den dunkelgrauen Träumen ist meist die Hexe Lillebo schuld, doch von der reden wir später.
Zuerst sollt ihr das Träumeland kennenlernen. Und den Zaubermeister Knisterbein. Und das Trinchen Troll. Und, und, und . . .
Ihr seht, wir haben eine Menge vor! Dazu werden wir viele Abende brauchen und wahrscheinlich einen Vorlese-Vater oder eine Vorlese-Omi oder einen Opa. Kurz irgendwen, der lesen kann. Wer von euch es schon selber fertigbringt, ist natürlich mit dabei.

Über den freue ich mich ganz besonders.

Für alle aber, die Kleinen, die Großen und die Mittelgroßen, ja sogar für die Mieze und den Flocki, gilt jetzt meine Einladung:

Willkommen im Träumeland!

Wie findet man das Träumeland?

Es ist gar nicht so einfach, den Weg dorthin zu beschreiben. Ich habe mich mit meinem Freund, dem Zaubermeister Knisterbein, lange beraten, wie ich ihn euch am besten beschreiben soll.

Der Zaubermeister Knisterbein hat gemeint:

»Laß doch die Kinder selber den Weg ins Träumeland finden. Die Schlauköpfe unter ihnen werden es bestimmt bald heraushaben.«

»Und die anderen?« werfe ich ein.

»Die werden sich höchstens ein paarmal im Schlafwald verirren, aber das ist nicht weiter schlimm, die Nacht ist ja lang genug. Die finden schon ins Träumeland«, grinste der Zaubermeister.

Er ist manchmal ein richtiges Schlitzohr, sage ich euch. Er hat es faustdick hinter den Ohren!

So, und jetzt: Auf ins Träumeland! Die genaue Beschreibung werdet ihr von Trinchen Troll, meiner getreuen Gehilfin, bekommen. Damit lernt ihr sie gleich kennen.

Hier spricht das Trinchen Troll!

Ach du liebe Zeit, was sollt' ich denn, was wollt' ich denn?

Ja, richtig – jetzt weiß ich es wieder: Ich soll euch den genauen Weg ins Träumeland beschreiben. Das ist ein Auftrag vom Sandmännchen. Und dem Sandmännchen will ich gerne gehorchen. Dem Zaubermeister Knisterbein traue ich nicht über den Weg, denn das ist ein Schlingel, sage ich euch! Aber ihr werdet schon selber darauf kommen!

Also, wie kommt ihr denn nun ins Träumeland?

Es ist ganz einfach, paßt nur auf!

Zuerst müßt ihr in eurem Bett liegen oder sonstwo, wo ihr euch behaglich hinkuscheln könnt. Eine Decke und einen Polster braucht ihr natürlich auch dazu. Und jetzt macht die Augen zu. Nein, nicht so zukneifen, ganz sacht zumachen. So ist es gut.

Und jetzt stellt euch eine große Wiese vor, die reicht bis ganz, ganz weit hinten, wo schon der Himmel beginnt. Das ist die Weide der tausend Schafe. Unheimlich viele Schafe sind da. Versucht einmal, sie zu zählen – das ist gar nicht so leicht. Wenn es euch nicht gelingt, so macht das auch nichts, denn wir sind schon beim Schlafwald angekommen.

Ganz still und dunkel ist es da. In diesem Wald schläft alles, sogar der Wind. Er hat sich auf die breiten Tannenäste gelegt und schläft da bis zum Sonnenaufgang. Dann wacht er auf und ruft: Guten Morgen, und weht wieder übers Land.

Wir sind schon in der Nähe der Sägemühle, liebe Kinder. Wenn ihr die Ohren spitzt, hört ihr es, dieses Sägen.

Das kommt vom Riesen Bullebos. Er schnarcht, als ob er ein Stück Holz zersägen müßte. Aber vor ihm braucht ihr keine Angst zu haben, das ist ein gutmütiger Tropf, wenn er auch schrecklich groß ist.

Sein »Chrrrrchrrr«, dieses Geräusch also, hat der Zaubermeister Knisterbein mit seinem Zauberlöffel eingefangen und bläst es anderen Leuten, die ganz tief schlafen, in die Nase. Dann heißt es: Er schnarcht! Und der Zaubermeister hat seinen Spaß daran. Ja, so einer ist er eben.

Aber, was sollt' ich denn, was wollt' ich denn?

Ich muß euch ja den Weg ins Träumeland erklären. Wo sind wir stehengeblieben? Beim Riesen Bullebos. Nun geht es weiter, und schon beginnt das Nebelland. Es ist so grau, daß man nicht einmal seine eigene Nasenspitze sieht. Aber es ist gleich vorbei! Zu dem Haus der Hexe Lillebo wollen wir lieber nicht hinübergehen. Auch den Drachen Pimerlan müßt ihr jetzt noch nicht begrüßen. Er ist zwar ein guter Drache und tut keinem etwas, aber die

»Chrrrr-chrrr«, schnarcht der Riese Bullebos.

14

Kleinen könnten sich doch vor ihm schrecken. Bestimmt lernt ihr ihn später in einer Geschichte kennen.

Da sind wir schon heil auf der großen Träumeland-Wiese angekommen. Hier ist immer Sommer, und man kann barfuß gehen, im Nachthemd oder Pyjama. Immer blühen hier Blumen, und wenn der Wind über die Wiese streicht, dann fangen die Glockenblumen an zu läuten. Nun seid ihr im Reich des Sandmännchens, und hier werdet ihr euch wohlfühlen, ganz bestimmt!

Ach du liebe Zeit, was sollt' ich denn, was wollt' ich denn?

Ich habe so viel zu tun, daß ich gar nicht weiß, wo mir der Kopf steht. Schließlich muß ich alle Kästchen und Läden aufräumen, in denen das Sandmännchen eure Träume aufbewahrt. Deshalb, lebt wohl, liebe Kinder – bis später!

Der Riese Bullebos

Der Zaubermeister Knisterbein und
das schusselige Trinchen Troll hatten
eine Auseinandersetzung. Das heißt,
sie waren nicht ganz einer Meinung.
Das heißt, sie stritten miteinander.
Ärgerlich rief der Zaubermeister:
»Trinchen, ich möchte dir am liebsten
Katzenohren an den Kopf zaubern,
wenn du nicht gleich ruhig bist! Oder
vielleicht eine hübsche kleine Mohr-
rübe ins Gesicht statt der Nase!« Er
schwang sein Zauberstäbchen.
Da schrie unser Trinchen Troll wie am
Spieß: »Nein, nein! Unterstehe dich ...
Zu Hilfe! Zu Hilfe! Helft mir!«
Auf dieses Wehgeschrei hin bin ich,
das Sandmännchen, natürlich herbei-
geeilt. Als ich aber das verschmitzte
Gesicht des Zaubermeisters sah, der ja
alles nicht so ernst gemeint hatte, be-
ruhigte ich Trinchen Troll.

16

Da schrie Trinchen Troll wie am Spieß!

»So schrei doch nicht so, Trinchen. Es ist ja alles nur Spaß. Der Zaubermeister darf dir nichts tun, ich passe schon auf!«

Da kamen schwere Schritte näher, ein Tapsen und Schnaufen wurde hörbar. Der Riese Bullebos tauchte aus dem Schlafwald auf. Seine roten Haare standen wie eine Klobürste um seinen Kopf, und der Bart war struppig wie ein Krähennest. Ganz verschlafen fragte er: »Hoooo – wer hat hier um Hilfe gerufen, hoooo – ich komme schon . . . bin schon da!«

Der Zaubermeister grinste hinterhältig. Er murmelte zu mir herüber: »Der hat uns noch gefehlt!«

Der Riese in seiner schwerfälligen Art fragte nochmals:

»Wer hat um Hilfe gerufen? Ich komme helfen, ich, der Riese Bullebos. Ich bin so groß wie eine Tanne, so breit wie eine Eiche, aber leider nur halb so klug wie ein Birnbaum. Das hat meine Großmutter immer gesagt!«

»Ja, ja, das wissen wir schon«, haben wir drei gerufen. Denn das umständliche Sprüchlein des Riesen kannten wir ganz genau. So versuchte ich ihm zu erklären, daß alles nur ein Scherz gewesen und dem Trinchen Troll gar nichts passiert sei.

»Aber warum hat es dann um Hilfe gerufen?« beharrte Bullebos darauf und wollte wieder mit seinem Sprüchlein beginnen, von der Tanne, der Eiche und dem Birnbaum, als ihm plötzlich einfiel, daß er ja mir etwas auszurich ten hatte. Ihr müßt nämlich wissen, der Riese ist so eine Art Torwächter im Träumeland und paßt vor allem auf, daß sich kein ungutes Gesindel, wie zum Beispiel die Hexe Lillebo, heimlich einschleicht.

Er kratzte sich also etwas verlegen hinter dem rechten Ohr und stotterte dann: »Hoooo, wollte eigentlich nur sagen, daß einer draußen vor dem Tor steht und herein will, Sandmännchen, hoooo!«

»Warum läßt du ihn dann nicht ein?« fragte ich.

»Weil, weil – ich weiß nicht«, brummte der Riese und setzte gleich hinzu: »Ich bin zwar so groß wie eine Tanne, so breit wie eine Eiche, aber leider nur halb so gescheit wie ein Birnbaum, hat meine Großmutter immer gesagt. Weiß nicht, ob ich den einlassen soll!«

»Ist er vielleicht ein Verwandter der Hexe Lillebo?« fragte Trinchen Troll. »Solche Leute brauchen wir nicht in unserem Träumeland.«

»Weiß nicht, hab ihn nicht gefragt«, brummte der Riese.

Da meinte ich: »Wie sieht denn der aus, der vor dem Tor steht?«

Der Riese kratzte sich wieder, beutelte den struppigen Kopf und brummte: »Ei, der sieht aus wie ein Esel.«

»Ein zweibeiniger oder ein vierbeiniger?« wollte der Zaubermeister Knisterbein wissen.

Das brachte nun den Riesen in Verlegenheit. Zählen hatte er nicht gelernt.

Wie sollte er da wissen, wie viele Beine der unbekannte Besucher hatte? Er zuckte also nur die breiten Schultern und starrte vor sich hin.

Der Zaubermeister grinste schadenfroh: »Herr Bullebos, ich glaube, du bist nicht einmal halb so gescheit wie ein Birnbaum, du bist sogar dümmer als ein Hagebuttenstrauch!«

Ärgerlich zauste der Riese seinen struppigen Bart. Er mochte den Zaubermeister gar nicht.

Ich, das Sandmännchen, aber wollte einlenken, und so sagte ich geduldig: »Nun gut, jetzt wissen wir, daß vor dem Tor ein Esel steht. Was ist mit ihm los? Schreit er I-aaaa?«

»Nein, er schreit eben nicht ›I-aaaa‹, wie sich das für einen richtigen Esel gehört. Er macht ›tut-tuuut‹«, schnaufte der Riese.

»Das klingt nach Autohupe«, sagte Trinchen Troll und machte kugelrunde Augen.

Wie sollte ein Esel zu einer Autohupe

kommen, dachte ich und schüttelte den Kopf.

Der Riese Bullebos aber berichtete weiter: »Er will auch kein Heu fressen, sondern verlangt Benzin und Schmieröl ... was sagt man dazu? Ich bin ja so groß wie eine Tanne, so breit wie eine Eiche, aber ...«

»Aber leider nur halb so klug wie ein Birnbaum!« vollendete Trinchen Troll mit einem Seufzer den Spruch. Und zu mir sagte die Gute: »Sandmännchen, der Riese macht mich noch verrückt mit seinem Sprüchlein. Ich möchte endlich wissen, was mit dem komischen Esel vor dem Tor los ist!«

Nachdem wir also nicht weiterkamen mit der Esel-Geschichte, ging Trinchen Troll selbst zum Tor nachschauen.

Bullebos brummte noch immer vor sich hin und konnte uns keine vernünftige Auskunft geben.

Der Zaubermeister Knisterbein verhielt sich merkwürdig still und blieb im Hintergrund. Ich hatte da so meine

Vermutungen. Doch bevor ich sie noch aussprechen konnte, trabte auch schon ein kleiner, grauer Esel herbei. Tatsächlich ließ er statt eines Eselgeschreis ein lautes Hupen ertönen. Immerzu ging es »tuuut-tuuut...«

Entsetzt rief Trinchen: »Sandmännchen, es ist schrecklich, der Esel kann nur hupen, als ob er ein Auto wäre!«

Als Sandmännchen kann ich natürlich die Tiere reden lassen, und so befahl ich dem kleinen Grauen: »Jetzt erzähl uns einmal, wie es gekommen ist, daß du dauernd hupst statt ›I-aaa‹ zu schreien!«

Und da erzählte der Esel, von Huptönen unterbrochen, als hätte er Schluckauf, seine Geschichte. »Ich sollte für den Langen dort«, er deutete auf den Zaubermeister, »einen Sack voll Kieselsteine holen, aber Kieselsteine sind schwer – und ich war gerade nicht in der Laune, wollte lieber süße Disteln fressen...«

»Ach was, bockig war er, so bockig,

wie eben nur ein Esel sein kann...«
rief der Zaubermeister ärgerlich da-
zwischen.

Jetzt war ich ganz sicher: Knisterbein
hatte den armen Esel verzaubert.

Auf meinen Wink hin erzählte der
Esel weiter. Er schielte dabei immer
ängstlich auf den Zaubermeister.

»Ich wurde also in ein kleines, graues
Auto verwandelt, es war abscheulich.
Und ich mußte immerzu fahren, ich
konnte nicht schreien, sondern nur
hupen. Und Benzin mußte ich schluk-
ken, auch Schmieröl – brrr!«

»Aber der Zaubermeister hat dich
doch wieder in deine Eselsgestalt zu-
rückverwandelt, wieso kannst du nicht
mehr ›I-aaa‹ schreien und Heu fressen?« fragte ich und wandte mich an
den Knisterbein.

Der hatte sich hinter dem Riesen ver-
stecken wollen, doch Bullebos packte
ihn, hob ihn mit zwei Fingern in die
Höhe, beutelte ihn und schnaufte: »Na
warte nur, du Eselszauberer, du Zau-

24

beresel, du Knuster-Knaster-Knister-bein . . .«

Der Zaubermeister schrie wie am Spieß, nun hatte er vor dem Riesen doch Angst bekommen.

Nachdem er versprochen hatte, sofort den letzten Rest von Zauberei von dem armen Esel zu nehmen, gab ihn der Riese frei.

Glücklich trabte der Graue davon. Er schrie, wie es sich gehörte, zum Abschied ein lautes »I-aaa« und ließ sich das frische duftende Heu gut schmekken.

Trinchen Troll gab ihm den Namen *Muffi,* und von nun an lebt Muffi bei uns als Träumeland-Esel.

Die Hexe Lillebo

Am Rande des Schlafwaldes steht ein Häuschen, das sieht aus wie ein richtiges Hexenhaus. Es ist auch eines, denn dort wohnt die Hexe Lillebo. Das kleine Haus hat ein windschiefes Dach und einen noch schieferen Kamin. Die Fenster sind klein wie Gucklöcher und tragen keine Vorhänge. Noch nie ist jemand in dem Hexenhaus gewesen, denn Besuche bekommt die Hexe Lillebo bestimmt nicht.

Sie ist keine besonders gefährliche, aber eine unangenehme Person. Mit ihr möchte man lieber nichts zu tun haben. Ins Träumeland ist ihr der Eintritt verboten. Das ärgert sie sehr, und deshalb versucht sie immer wieder heimlich hineinzukommen.

Doch das Träumeland ist von einer hohen Mauer umgeben, und es hat nur ein großes Tor als Eingang. Bei dem

Tor hält der Riese Bullebos Wache. Er bewacht das Träumeland der Kinder nicht nur vor der Hexe Lillebo, sondern auch vor all den anderen großen und kleinen Schreckgeistern, die Frau Lillebo so gerne hineinschmuggeln möchte.

Auf den Riesen ist Verlaß, das wißt ihr. Trotzdem er ja – wie seine Großmutter immer gesagt hat – nur halb so klug wie ein Birnbaum ist, kann die Hexe Lillebo nichts gegen ihn ausrichten.

Eines Tages hat sie ihn nun für ihre schlimmen Pläne gewinnen wollen und hat sich an ihn herangepirscht.

»He, Riese«, hat sie mit zuckersüßer Stimme gesagt, »ich schlage dir einen Handel vor. Paß auf, mein lieber, guter Herr Bullebos . . .«

»Hoooo, das bin ich nicht, bin nicht dein lieber, guter . . . Ich bin so groß wie eine Tanne, so breit wie eine Eiche, aber nur halb so klug wie ein Birnbaum – hat meine Großmutter immer gesagt.«

»Ei, mein gescheiter Riese«, säuselt die Hexe.

»Ja, ja, das glaube ich dir schon«, säuselte die Hexe Lillebo. Und dann schlägt sie dem Riesen vor, ihr eine Gefälligkeit zu erweisen, dafür soll er sein Lieblingsgericht von ihr bekommen. Herr Bullebos ist nämlich ein arges Schleckermaul, müßt ihr wissen, ein Riesen-Schleckermaul!

»Ich koche dir jeden Tag eine Riesenschüssel voll süßem Brei mit viel Schokolade und brauner Butter darauf, wenn du mir die kleine Gefälligkeit tust, um die ich dich bitte!« säuselte also Frau Lillebo.

Der Riese denkt an den süßen Brei mit Schokolade und brauner Butter und schleckt sich schon die Lippen. Hm, das wird ein Schmaus werden! Und alle Tage soll es ihm so gut gehen? Er nickt also: »Gut, was soll ich denn tun?«

Da fährt die Hexe Lillebo fort: »Ei, mein gescheiter Riese, du brauchst nichts anderes zu tun, als vor dem Tor im Schlafwald zu warten, bis die Kinderchen kommen, die braven Kinderchen, die das Sandmännchen eingeladen hat, und dann brüllst du recht laut los: Uauaua, uauaua! Du brüllst, damit diese braven Kinderlein erschrecken, wenn sie vor dem Träumeland stehen. Hast du mich verstanden?«

Die Hexe kichert und klatscht vor Freude in die dürren Hände. Der Riese Bullebos aber schüttelt empört seinen struppigen Kopf. Es dauert ja immer eine Weile, bis er alles verstanden hat, aber diesmal geht es etwas schneller. Daß die Hexe etwas Böses vorhat, merkt er gleich.

Er sagt also: »Nein, nein, nein, das möchte ich nicht. Kinderchen erschrecken möchte ich nicht, denn wenn die Kinderchen erschrecken, dann erschrecke ich auch, und dann – dann fange ich an mich zu fürchten! Nein, nein, nein.«

Wütend fuhr da Frau Lillebo auf ihn los: »Potz Fliegenpilz und Rattenzahn! Was bist du für ein dummer Tropf! Hat man schon so etwas gehört, daß ein

Riese vor Kinderchen erschrickt und sich fürchtet?«

Da brummte Bullebos: »Ich bin ein guter Riese, kein böser. Ich bin so groß wie eine Tanne, so breit wie eine Eiche, doch leider nur halb so klug wie ein Birnbaum, hat meine Großmutter immer gesagt...«

»Potz Ziegenbart und Schwefelstank, du bist ja noch dümmer als ein Maikäfer«, schrie Frau Lillebo. »Was bist du denn für ein Riese, wenn du dich vor Sandmännchens braven Kindern fürchtest?«

Darauf wußte der Riese nichts zu sagen, er brummte nur wieder sein Sprüchlein vom Tannen- und Birnbaum vor sich hin.

Frau Lillebo geriet noch mehr in Wut, sie heulte: »Schau, daß du weiterkommst, du alberner Riese, du dummer Riesen-Hasenfuß!«

Seit dieser Zeit will der Riese Bullebos nichts mehr zu tun haben mit der Hexe Lillebo. Sie kann ihn nicht einmal mit einer Riesenschüssel Himbeerpudding zu einer »Gefälligkeit«, wie sie es nennt, verlocken.

Ich, das Sandmännchen, aber weiß, daß der Riese ein zuverlässiger Wächter für das Träumeland ist. Solange er am Tor Wache hält, braucht niemand vor der Hexe Lillebo oder ihren dienstbaren Schreckgeistern Angst zu haben. Und das sollt ihr auch wissen!

Zaubermeister Knisterbein

Von ihm war schon einmal die Rede. Wir kennen ihn ja schon, den Schlingel. Irgendeinen Spaß oder Schabernack hat er meist im Sinn. Und er ärgert auch gerne das schusselige Trinchen Troll oder den tapsigen Riesen Bullebos.

Vor seinen Zaubersprüchen haben alle Respekt, sogar die Hexe Lillebo geht ihm aus dem Weg.

Der lange, dürre Zaubermeister ist aber mein alter Freund, ich brauche ihn im Träumeland, denn er kann sehr lustig sein, und die Kinder mögen seine Zauberkunststücke. Nur muß ich, das Sandmännchen, ihm gut auf die Finger schauen, damit er nicht zu übermütig wird und das gute Trinchen zu sehr ärgert.

Neulich hat es der Zaubermeister mit einer Besucherin des Träumelandes, der kleinen Rosi, ganz arg getrieben. Sie hat sich bei mir beklagt.

»Du mußt mit dem Zaubermeister Knisterbein ordentlich schimpfen, Sandmännchen«, hat sie gesagt, »er hat mich gestern zweimal aus dem Bett geworfen, das gehört sich doch nicht!«

Ich habe die kleine Rosi beruhigt und wollte mir gleich den Zaubermeister vorknöpfen. Ich wollte ihm einmal meine Meinung sagen, denn kurz zuvor hatte sich auch Trinchen Troll bei mir beklagt, der Knisterbein hätte ihr Salz in die Zuckerdose gezaubert. Also rufe ich: »Knisterbein! Zaubermeister Knisterbein, herbei mit dir!«

Da quakt etwas neben meinem rechten Fuß im Gras: »Ja, ja, Sandmännlein, hier bin ich. Was willst du denn von mir?« Ich schaue mir die Augen aus dem Kopf, endlich sehe ich ein kleines, grünes Fröschlein auf einem Blatt sitzen. Es schaut vergnügt zu mir herauf und klappt sein Froschmaul auf und zu.

»Knisterbein, bist du es?« rufe ich.

»Knisterbein, bist du es? Seit wann steckst du in einem Froschleib?« rufe ich.

»Stecke ich ja gar nicht«, sagt die Knisterbein-Stimme, und auf einmal zwitschert sie, und ein kleiner Vogel fliegt um meinen Kopf. »Hier bin ich, hier! Sandmännchen, fang mich doch!«

Dieser Zaubermeister! Heute treibt er es wieder ganz arg. Nichts als Dummheiten hat er im Kopf. Den kleinen Zwitschervogel kann ich natürlich nicht fangen, aber das ist auch gar nicht mehr nötig, denn plötzlich sitzt ein braunes Hündchen mit weißen Ohren vor mir und schaut treuherzig zu mir auf. Und auch das Hündchen spricht mit der Knisterbein-Stimme. Ich kann nicht einmal schimpfen, weil ich lachen muß.

Dann steht der Zaubermeister mit einem Mal leibhaftig vor mir. »Also schieß los, Sandmännchen, was willst du von mir?«

Ich mache wieder mein strenges Gesicht und sage: »Du hast die kleine Rosi in der Nacht zweimal aus ihrem Bett geworfen und Trinchen Troll geärgert. Was sind das für dumme Geschichten?«

»Das sollte nur ein Spaß sein, es war nicht bös gemeint«, verteidigte sich der Zaubermeister. »Vielleicht kann ich die Rosi heute wieder versöhnen und Trinchen Troll auch.«

»Und womit willst du sie versöhnen?« frage ich.

»Ach, ich könnte sie auf einem Heuschreck reiten oder auf einem Mondstrahl ins Wasser rutschen lassen... oder meinst du, ein Schokoladepudding mit Heringsalat würde der Rosi mehr Spaß machen?«

Ich schüttle den Kopf.

»Das sind keine sehr lustigen Sachen für ein kleines Mädchen, da mußt du dir schon etwas anderes einfallen lassen! Und wie willst du Trinchen Troll versöhnen?«

»Das verrate ich nicht«, grinst der Zaubermeister, »für das Trinchen habe ich eine große Überraschung!«

Hoffentlich keine allzu arge, denke ich.

Doch da kommt ja schon Trinchen Troll herbei. Wie immer ist es sehr in Eile, das gute Trinchen, und ruft: »Ach, was sollt' ich denn, was wollt' ich denn? Hab' es schon wieder vergessen! Das kommt davon, wenn man soviel im Kopf haben muß wie ich! Über den Zaubermeister muß ich mich auch immer nur ärgern, es ist schrecklich.«

Ich versuche, Trinchen zu beruhigen, und gebe heimlich dem Zaubermeister einen Wink. Vielleicht kann er das Trinchen jetzt versöhnen? Der hat gleich verstanden, was ich meine. Er klopft Trinchen auf die Schulter und sagt:

»Aber Trinchen, ärgere dich nicht mehr, ärgern macht häßlich, und du weißt ja: Jeden Spaß für groß und klein, zaubert Meister Knisterbein!«

Da muß Trinchen Troll lachen. Lange

kann man dem Knisterbein nie böse sein, denn er hat immer so lustige Sprüchlein bereit.

Er fährt mit der Hand in die Tasche seines weiten Mantels und sagt: »Was habe ich denn da? Ein kleines Geschenk für unser fleißiges Trinchen Troll?

Hokus-Pokus, schnick und schnack, komm aus meinem Zaubersack!« Und dann zieht er eine runde Spieldose heraus. Auf dem Deckel steht: »Ein Liedchen stets ich spielen soll dem guten, braven Trinchen Troll!« Da hättet ihr aber unser Trinchen sehen sollen! Es sprang vor Freude und fiel dem Zaubermeister um den Hals. So eine Spieldose war schon lange ihr sehnlichster Wunsch, und das Lied, das die Dose spielt, wenn man die Kurbel oben dreht, war ihr Lieblingslied – »Guter Mond, du gehst so stille . . .« Damit war der Friede hergestellt, und ich konnte beruhigt wieder an meine Arbeit im Träumeland gehen.

Wer schreit denn da im Schlafwald?

Aufgeregt kam Trinchen Troll am Abend zu mir. »Sandmännchen«, rief es schon von weitem, »die Kinder trauen sich nicht ins Träumeland zu kommen, sie fürchten sich!«

»Wieso fürchten?« frage ich, »noch nie hat sich ein Kind im Träumeland fürchten müssen.«

Trinchen Troll schüttelt den Kopf, daß ihr dicker kurzer Zopf nur so fliegt. »Sie fürchten sich nicht im Träumeland, sondern schon *davor* im Schlafwald. Und das ist schlimm, wenn man sich im Schlafwald fürchten muß.«

Sollte am Ende die Hexe Lillebo...? denke ich. Aber nein, diesen Unfug haben wir ja abgestellt. Wer kann im Schlafwald Schabernack treiben, am Ende der Zaubermeister Knisterbein? Ihr wißt ja, auch das Trinchen traut dem Zaubermeister nicht über den Weg, aber ganz sicher ist es nicht.

Gestern erst, beim Abstauben der vielen Kästchen und Lädchen, in dem die Träume verwahrt sind, hat sich der Zaubermeister wieder einen seiner kleinen Scherze geleistet, über die Trinchen dann immer so erschrickt. Wie sie nach dem Putztuch greifen will, flattert es als blau und grün kariertes Vöglein davon. Und der Eimer, der schon bereitgestellt war, hüpft wie ein Gummiball auf und nieder.

Ich kann ja verstehen, daß das arme Trinchen sehr erschrocken ist und daß es wenig Verständnis für solche Späße hat!

Aber der Zaubermeister verwahrt sich energisch gegen meine Verdächtigung. Er denke nicht im Traum daran, die Kinder zu erschrecken, beteuert er. Ich will ihm glauben. Gut, aber was ist es denn dann? Was flößt ihnen so einen Schrecken ein?

»Es ist ein unheimliches Geräusch im

Schlafwald«, sagt das Trinchen, »jemand schreit da ganz schauerlich.«

Ich schüttle den Kopf. Im Schlafwald, wo es so still ist, daß der Wind auf den Zweigen schläft? Es ist mir rätselhaft, wer da die Ruhe stören sollte, wer da unheimliche Laute ausstößt. Da auch der Zaubermeister Knisterbein keinen Rat weiß und Trinchen Troll vor Sorge viele Dackelfalten auf der Stirne bekommt, beschließe ich, der Sache gleich auf den Grund zu gehen.

»Wir wollen zusammen in den Schlafwald gehen und selber hören, was da geschieht«, sage ich.

»Gut Sandmännchen, ich bin dabei«, nickt der Zaubermeister. Auch Trinchen Troll ist einverstanden. Vorsichtigerweise hält sich aber das gute Trinchen dicht hinter mir, denn man weiß ja nicht, was los ist und wie die Sache ausgeht.

Den Riesen Bullebos wollen wir dazu nicht mitnehmen, der ist zu laut und zu ungeschickt. Am Ende würde er den Ruhestörer vertreiben, bevor wir ihn noch aufgespürt haben.

Leise, ganz leise schleichen wir nun hintereinander aus dem Träumeland hinaus in den dunklen Schlafwald. Alles scheint still und friedlich. Da, ein leises Geräusch! Ein Ast bewegt sich wie unter einer Last.

»Pst, horcht doch!« flüstert der Zaubermeister und hält sein Zauberstöckchen fest umklammert. Wir bleiben also stehen und horchen.

Auf einmal ertönt ein dumpfes »Uuuuuuuuuu-huuuuuuu« und noch einmal »Uuuuuuu-huuuu«.

»Das ist es, das schreckliche Geräusch!« Trinchen zittert vor Entsetzen. »Habt ihr es gehört?«

»Wir sind ja nicht taub«, sagt der Zaubermeister, »natürlich haben wir es gehört.« Er springt mit ein paar langen Sätzen zur nächsten hohen Tanne, und da fliegt ein großer schwarzer Schatten auf. Ganz lautlos, man hört das Flügelschlagen gar nicht.

Der Zaubermeister aber lacht.

»Was gibt es denn da zu lachen?« fragt Trinchen und hält sich immer noch an mir fest.

»Es war kein schlimmes Schreckgespenst, meine Liebe«, sagt der Zaubermeister Knisterbein, er fühlt sich jetzt wirklich als »Neunmalgescheiter«: »Es war nur die Eulen-Großmutter, die sich diesen Baum in unserem Schlafwald ausgesucht hat, um ihr nächtliches Ständchen zu bringen. Eulen zwitschern nun einmal nicht wie Kanarienvögel!«

»Aber so greulich »Uuuuu-huuuu« zu schreien dicht vor unserem Träumeland, sollten sie wirklich nicht«, meint Trinchen. Jetzt ist sie wieder mutig geworden und hält sich nicht mehr an mir fest.

Ehrlich gesagt, ich bin erleichtert, daß es nichts Schlimmeres ist, das in unserem Schlafwald passiert. Aber ich werde die Eulen-Großmutter bitten, sich doch lieber ein anderes Plätzchen für ihre nächtlichen Gesänge auszusuchen. Es könnte ja tatsächlich die Kinder abhalten, ins Träumeland zu kommen.

So kehren wir alle drei wieder zurück, und der Zaubermeister Knisterbein trällert ein neues Verslein vor sich hin: »Lirum larum Löffelstiel,

wer nichts wagt, erfährt nicht viel!«

Kleine Scherze vom Zaubermeister Knisterbein

Was gibt es Neues bei uns im Träumeland? Der Zaubermeister Knisterbein
hat sich ein neues Sprüchlein ausge-
dacht:
    »Jeden Spaß für groß und klein
    zaubert Meister Knisterbein!«
Danach handelt er auch, oder besser
gesagt: danach zaubert er auch.
Manchmal bin ich gar nicht glücklich
darüber, denn nicht alle sind begeistert von diesen Scherzen.
Da ist zum Beispiel der Drache Pimerlan, ein freundlicher Bewohner des
Träumelandes. Wer sich wundert, daß
ich von einem freundlichen Drachen
spreche, dem muß ich sagen, daß er es
wirklich ist. Nicht jeder Drache speit
nämlich Feuer und haut mit seinen
Krallentatzen alles kurz und klein.
Nein, es gibt auch Ausnahmen. Unser

Pimerlan ist sanft wie ein Kätzchen, friedlich wie eine Blindschleiche und freundlich wie ein Marienkäfer. Er ist nur etwas größer, viel, viel größer natürlich, und wenn er sein Maul mit den spitzen Drachenzähnen aufreißt, kann man schon Angst bekommen. Doch ich verrate euch: Er reißt es nur zum Gähnen auf, denn der Drache Pimerlan ist meist schläfrig. Das kommt daher, weil er aus dem Schlafwald stammt. Dort ist er aus dem Ei gekrochen – das tun die kleinen Drachen genau wie die Vögel, die Schlangen und viele andere Tiere – dann hat er gegähnt und gesagt: »Huuuu, bin ich aber müde!«

Dabei ist es geblieben, das wissen alle, die unseren Pimerlan kennen. Auf seine hübschen, kleinen, spitzen Drachenohren ist Pimerlan besonders stolz und auch auf seinen Schuppenschwanz.

Der Zaubermeister Knisterbein, der ein rechter Schlingel ist, hat sich da

einmal einen dummen Scherz ausge-
dacht. Kommt doch Trinchen Troll
atemlos zu mir gelaufen und ruft: »Der
Pimerlan weint! Unser Drache weint!«
Drachentränen sind etwas Ungewöhnliches, und so versuche ich gleich, die
Ursache für seinen Kummer herauszu-
finden.

»Was ist denn mit dir los, Pimerlan?«
will ich fragen, doch der Satz bleibt
mir im Hals stecken, denn der Drache
bietet einen merkwürdigen Anblick.
Unglücklich hockt er unter einem Hol-
lerstrauch, hat den Drachenkopf auf
die Vordertatzen gelegt und schaut
mich mit seinen kleinen, roten Äuglein verzweifelt an. Statt seiner kleinen
dreieckigen Drachenohren baumeln
lange, graue Eselsohren an seinem
Kopf. Es sieht wirklich erbärmlich aus.

»Ach du liebe Zeit«, rufe ich, »ist das
am Ende ein Werk der Hexe Lillebo?«
Pimerlan schüttelt den Kopf, die Eselsohren wackeln hin und her.

»Hat mir der Knisterbein angezau-

Lange, graue Eselsohren baumeln an seinem Kopf.

bert«, jammert er. »Weiß gar nicht, warum!«

Auch das Trinchen ist empört. »Der arme Pimerlan, schau, wie er sich kränkt! Dabei war er so stolz auf seine hübschen, kleinen Ohren. Aber das sage ich dir, Sandmännchen, der Zaubermeister Knisterbein ist heute wieder einmal unausstehlich! Schau dich doch einmal nach Binge-Bange, der Riesenschlange um, die hat er auch mit seinen dummen Zauberkunststükken beleidigt!«

Ich drehe mich um, da liegt die Binge-Bange, die zur Flötenmusik so schön tanzen kann, und bemüht sich vergeblich, den Knoten zu lösen, den ihr der Zaubermeister in den Schlangenleib gezaubert hat.

»Das geht zu weit!« rufe ich. Dem Knisterbein muß ich doch gleich meine Meinung sagen. »Dieser Unfug muß aufhören! Wo ist übrigens der Riese Bullebos?«

»Hier«, piepst ein zartes Stimmchen im

Gras. Der Riese klettert als winzigkleines Männchen mit größter Mühe an einer Ringelblume hoch und versucht meine Aufmerksamkeit zu erregen.

»Ja, ist denn alles verrückt geworden heute?« rufe ich aus. »Was ist denn da los?«

Aber Trinchen Troll kann nicht mehr antworten, denn sie sitzt als Vöglein ober mir in den Zweigen eines Fliederbusches und schreit verzweifelt: »Tschip, tschip, tschip...« Wie es eben die jungen Spatzen machen. Natürlich ist das wieder so ein Einfall vom Zaubermeister Knisterbein!

Jetzt reißt mir aber die Geduld, ich sause los, und, hoppla, da habe ich ihn schon beim Rockzipfel, den Missetäter.

»Was ist denn dir eingefallen? Ich glaube, ich träume, aber als Sandmännchen darf ich bestimmt nicht träumen, wo kämen wir denn da hin?«

Der Zaubermeister grinst mir dreist ins Gesicht. »Sandmännchen, reg dich nicht so auf. Das sind nur ein paar kleine Scherze, damit die Träume lustiger werden. Du weißt doch: Jeden Spaß für groß und klein zaubert Meister Knisterbein!«

»Genug jetzt mit deinen Späßen!« schreie ich, »alles zurück, hopp, hopp!« Da schwingt der Knisterbein sein Zauberstäbchen, murmelt ein Sprüchlein, und schon ist alles wieder beim alten: Der Drache Pimerlan fährt mit der Tatze glücklich über seine kleinen Drachenohren. Binge-Bange, die Riesenschlange, schlängelt sich etwas beleidigt davon. Trinchen Troll ist kein Vöglein mehr, und der Riese Bullebos stapft in seiner früheren mächtigen Gestalt zum Träumelandtor, um dort wieder seinen Platz als Wächter einzunehmen.

Der Zaubermeister Knisterbein aber grinst und trällert:

»Lari-fari Hirsebrei
Zauberspaß ist schon vorbei!«

Wenn der Riese Bullebos einschläft

»Sandmännchen, komm doch schnell auf die große Träumeland-Wiese! Es ist etwas Schreckliches geschehen«, rief Trinchen Troll aufgeregt.
Ich eilte, so rasch ich konnte, herbei, und was sah ich da? Auf der Wiese standen verstreut oder in Gruppen viele, viele Fliegenpilze. Ihr kennt sie doch, diese Pilze, die man nicht sammeln darf, weil sie giftig sind? Aber sie schauen lustig aus mit dem roten Kopf, auf dem weiße Punkte sind. Im Wald soll man sie stehenlassen, sie bieten ja einen hübschen Anblick, und manche Tiere fressen sie, ohne Schaden zu nehmen.
»Wie kommen denn die vielen Fliegenpilze auf unsere Wiese?« frage ich.
»Und wo sind die Kinder, die sollten doch schon im Träumeland sein?«

»Das ist es ja eben, das ist das Unglück«, jammert unser Trinchen Troll und schlägt die Hände zusammen. »Die Kinder sind die Pilze, die du hier siehst! Verzaubert sind sie. Sie können sich nicht vom Platz rühren und auch nicht sprechen. Ach du liebe Zeit, ist das ein Unglück!«

»Das ist wieder so ein schlechter Scherz vom Knisterbein«, sage ich, »beruhige dich, Trinchen, das werden wir gleich in Ordnung bringen ...« Ich sehe mich nach dem Zaubermeister um, aber er ist nirgends zu finden. Das sieht ihm wieder einmal ähnlich, denke ich, stiftet hier so eine Verwirrung und geht davon!

Da tappt der Riese Bullebos daher. Er macht ein so zerknirschtes Gesicht, daß ich stutzig werde. Hoppla, sollte er etwas mit der Sache zu tun haben? Das kann ich kaum glauben, und doch ist es so. Paßt nur auf!

Bullebos hatte Besuch vom Drachen Pimerlan bekommen. Und weil der

Drache immerzu gegähnt hat – ihr wißt, er ist ein müder Geselle –, ist auch der Riese schläfrig geworden. Er setzte sich also neben dem Träumelandtor ins Gras und nickte ein. Neben ihm schnarchte der Drache Pimerlan. Ich hatte schon längst mein Traumsprüchlein den Kindern zugeflüstert:

»Wigele wagele, weht der Wind,
alle Stern' am Himmel sind.
Wigele wagele, Wolken wehen,
Kinder müssen schlafengehen!«

Die Kinder waren auch brav ins Träumeland gekommen, und als sie gerade auf der großen Wiese anfangen wollten zu spielen, da geschah es. Die Hexe Lillebo, die gemerkt hatte, daß der Wächter am Tor, der Riese Bullebos, schlief und auch der Drache Pimerlan selig schlummerte, schlich sie sich heimlich ein und blies ihr Zauberpulver über die Wiese. Alle Kinder, die da so lustig herumgesprungen waren, standen nun festgebannt als *Fliegenpilze* da.

»Schau, was Lillebo angerichtet hat!«

56

»Hihihi, das ist ein Spaß, jetzt kann das dumme Sandmännchen seine braven Kinderlein einsammeln und in einen Korb stecken...« kicherte sie. Dann verschwand sie eiligst.

Als der Riese Bullebos erwachte, war das Unglück schon geschehen, aber da hatte ich bereits von Trinchen Troll erfahren, was passiert war. Was tun? Der Zaubermeister Knisterbein war meine letzte Hoffnung. Endlich brachte ihn Binge-Bange, die Riesenschlange, daher. Er ritt auf ihr wie auf einem dicken Wasserschlauch, und es dauerte ziemlich lange, weil Binge-Bange ja kein schnelles Reittier ist.

»Lieber Knisterbein, kannst du uns helfen?« rief ich ihm entgegen. »Schau, was die Hexe Lillebo angerichtet hat!«

Also, ich habe oft über den Zaubermeister geschimpft, und meine Meinung über ihn war nicht immer gut, aber diesmal muß ich ihn loben. Hokus-Pokus, eins zwei drei, fertig war die Zauberei! Eigentlich die Entzauberei, denn mit seinem Zauberstäbchen löste der Zaubermeister Knisterbein den bösen Zauber der Frau Lillebo auf. Alle Kinder sprangen, als ob nichts gewesen wäre, wieder auf der Träumelandwiese herum. Der dicke Erwin behauptete sogar, er habe sich als Fliegenpilz sehr wohl gefühlt, und es hätte ihm gar nichts ausgemacht, auf einem weißen Bein zu stehen!

Dem Riesen Bullebos aber habe ich eine tüchtige Strafpredigt gehalten. Er hat versprochen, am Tor nicht mehr einzuschlafen, schließlich hat er ja den ganzen Tag über genug Zeit zum Schnarchen und Träumen, nicht wahr? Und der Drache Pimerlan soll lieber in seiner Höhle bleiben, dort kann er gähnen, soviel er mag.

Trinchen Troll hat es immer eilig

Ihr wißt ja, unser Trinchen Troll hat immer viel zu tun. Einmal muß es hier nach dem Rechten schauen, einmal dort. Die Traumwünsche der Kinder sollen doch erfüllt werden, und das ist oft nicht leicht. Der eine möchte im Träumeland auf einem feurigen Pferd reiten, der andere mit einem Zirkuspudel spielen. Wieder ein anderes Kind wünscht sich sehnlichst weiße Mäuse und der rundliche Willi gar eine Sachertorte, die so groß sein soll wie ein Wagenrad. Das eine Kind will eine spannende Geschichte erleben und ein anderes nur still in einer Hängematte unter einem Apfelbaum liegen. Von Zeit zu Zeit aber soll ihm von dem Baum ein rotbackiger Apfel in den Schoß fallen. Solche und noch mehr Wünsche werden jede Nacht an uns gerichtet. Bei den vielen Kindern, den blonden, braunen, schwarzen, gelben, rotbraunen, ist das gar nicht leicht zu erfüllen, das könnt ihr euch denken!

»Was sollt' ich denn, was wollt' ich denn?« schusselt Trinchen Troll daher. Sie saust hierhin und dorthin, holt Traumpferdchen, Traumkätzchen und -hunde. Sie spannt Hängematten auf, tröstet Verzagte, weist Unverschämte zurecht, putzt silberne Schlittschuhe und goldene Bälle. Sie kümmert sich um das Ringelspiel, das nicht so recht laufen will, ölt kleine Fahrräder und Puppenwagen, stülpt der Evi, die wie eine Filmdiva aussehen will, eine Lockenperücke über den Kopf, hilft ihr beim Umkleiden, bindet dem Bernhard ein Piratentuch um den Kopf und hat noch hunderterlei Dinge zu erledigen. »Trinchen, Trinchen! Immer eins nach dem anderen«, will ich sie einbremsen, aber das gute Trinchen saust daher wie eine Schnellzuglokomotive. Rums, da ist sie mit dem Zaubermeister Knisterbein zusammengestoßen.

»Auweia, mein Kopf!« schreit Trinchen. Der Zusammenprall war heftig. Alle Schlüssel an ihrem großen Schlüsselbund klirren durcheinander. Der Verschluß springt auf, die Schlüssel fallen zu Boden. Aber da haben sie auf einmal winzige Beine bekommen und springen und tanzen durcheinander.

»Hilfe, Sandmännchen, Hilfe! Meine Schlüssel laufen davon!« schreit Trinchen Troll.

Der Zaubermeister grinst übers ganze Gesicht. Diesen Spaß hat er sich nicht verkneifen können.

Als aber die Schlüssel, die doch zu den vielen Kästchen und Lädchen gehören, in denen die Traumwünsche der Kinder geordnet sind, nicht mehr einzufangen sind, rufe ich: »Knisterbein, jetzt ist aber Schluß! Gleich zauberst du die Schlüssel, ohne Beinchen, zurück an Trinchens Schlüsselbund!«

»Ja, ja, zurück an den Schlüssel-

... da haben die Schlüssel Beinchen bekommen!

bund ...«, schreit auch das Trinchen, das schon ganz atemlos ist von der wilden Jagd nach den kleinen Hüpferlingen.

»Schon gut, schon gut«, lacht der Zaubermeister Knisterbein, und dann befiehlt er:

»Schlüsselgesindel,
zurück auf ein Bündel,
sonst schluckt euch die Maus,
mein Zauber ist aus!«

Da hopsen die kleinen Schlüssel zurück auf den Schlüsselbund, den Trinchen in der Hand hält, und alles ist wieder in Ordnung.

»Was sollt' ich denn, was wollt' ich denn?« brabbelt Trinchen und erinnert sich, daß sie ja dem Rotkäppchen einen zahmen Wolf vorführen wollte und dem Tapferen Schneiderlein eine goldene Nadel versprochen hatte. Wusch, weg ist das Trinchen. Dabei hat es gar nicht gemerkt, daß ihm der Zaubermeister als Versöhnungsgeschenk einen Sepplhut mit einer langen Feder auf den Kopf gezaubert hat. Sie wird Augen machen, wenn sie in den Spiegel schaut, glaubt ihr nicht auch?

Der Traum vom Dornröschenschloß

Es ist wirklich an der Zeit, einmal etwas Lobendes über den Zaubermeister Knisterbein zu berichten. Immer wird auf ihn geschimpft, leider oft zu Recht, denn der gute Zaubermeister liebt merkwürdige Späße.

Diesmal aber war er einfach großartig, er hat uns allen im Träumeland aus der Patsche geholfen, wie man so schön sagt.

Das kam so: Die kleine Rosemarie hört so gerne Märchen, und weil sie bei Tag nicht genug davon bekommen kann, will sie unbedingt auch noch von den Märchenfiguren träumen. Als sie im Träumeland ankam, sagte sie gleich: »Bitte, Sandmännchen, schenk mir einen Traum vom Dornröschenschloß. Am liebsten wäre ich selber das Dornröschen, weißt du!«

Nun, die kleine Rosemarie ist ein liebes Kind, das immer brav ins Bett geht und vergnügt aufwacht, also will ich ihr diesen Wunsch erfüllen. Trinchen Troll holt das Märchen vom Dornröschen aus der Märchen-Schublade, und schon kann es losgehen.

Rosemarie spaziert, angetan mit einem Prinzessinnengewand, durch das ganze Schloß. Sie ist sehr begeistert und läuft von einem Raum zum anderen, setzt sich auf den Thronsessel und benimmt sich wie die richtige Prinzessin im Märchen. Strahlend ruft sie: »Es ist alles so, wie ich es mir vorgestellt habe, wunderschön, und ich kann es gar nicht glauben, daß ich jetzt selber das Dornröschen bin! Das ist ja ein wunderbarer Traum!«

Ich muß lachen. »Es *ist* dein Traum, Rosemarie! Der Traum, den du dir gewünscht hast.«

Da hält sie auf einmal das spitze Ding, die Spindel, die neben dem Spinnrad liegt, in der Hand und sagt: »Jetzt möchte ich nur noch wissen, wie das beim Dornröschen war, mit der Spindel. Warum ist Dornröschen denn gleich eingeschlafen und hat sich nicht mehr gerührt?«

Bevor ich sie noch warnen kann, dreht sie die Spindel nach allen Seiten, das neugierige, kleine Frauenzimmer, und schwups, da hat sie sich auch schon gestochen und fällt um und macht keinen Mucks.

»Eine schöne Geschichte ist das«, murmle ich, »so genau hätte sie das Märchen eigentlich nicht erleben sollen!«

Mit einem Schlag schläft alles im Schloß. Der König im Thronsaal, die Pferde im Stall, die Fliegen an der Wand, der Koch und der Küchenjunge in der Küche, die Tauben auf dem Dach und mein Rosemarie-Dornröschen in der Spinnkammer. Soll das jetzt am Ende wirklich ein hundertjähriger Schlaf sein? denke ich. Mir wird ganz kribbelig zumute. Ich habe als

Sandmännchen zwar die Aufgabe, die Kinder brav einzuschläfern, aber aufwecken kann ich sie nicht.

Während ich noch wie erstarrt dastehe, kommt der Riese Bullebos dahergestapft. Ganz verdutzt schaut er auf das Märchenschloß mit dem schlafenden Dornröschen und dann auf mich.

»Potz Blitz, was soll denn das?« brummt er. Ich erzähle ihm, was geschehen ist, er schüttelt den großen Kopf: »Ich bin zwar so groß wie eine Tanne, so breit wie eine Eiche, aber leider nur halb so klug wie ein Birnbaum, hat meine Großmutter immer gesagt. Sandmännchen, ich kann dir nicht helfen, aber vielleicht kann es der Zaubermeister? Der weiß doch Bescheid mit solchen Sachen.«

»Du bist mindestens so klug wie ein Birnbaum, alter Bullebos«, rufe ich, »freilich, das ist es: Der Knisterbein muß her!«

Er wird also in Windeseile geholt,

schaut sich alles an, tippt mit dem Zeigefinger der schlafenden Rosemarie auf die Nase, und als sie sich nicht rührt, sagt er: »Hm, hm, hm.«

»Mehr kannst du nicht?« frage ich verzweifelt.

Er grinst: »Keine Sorge, Sandmännchen, das werden wir gleich haben. Es braucht für so einen schwierigen Fall freilich ein längeres Zaubersprüchlein, aber du weißt ja: Jeden Spaß für groß und klein zaubert Meister Knisterbein!«

»Ja, ja, ich weiß«, sage ich, »aber fang endlich mit deinem Dornröschen-Aufweck-Zauber an!«

Da schwingt er sein Zauberstäbchen in der Luft und ruft dazu:

»Zweimal eins und eins ist drei,
eilet Geister rasch herbei!
Zauberei und Wurzelhex,
zwei mal drei ist immer sechs!
Gib zwei dazu, dann hast du acht,
Mädchen, Mädchen, aufgewacht!«

Also rechnen kann er, der Knisterbein,

Also zaubern kann der Knisterbein wirklich!

das muß man ihm lassen. Und zaubern auch, das hat er gut gelernt!

Gleich ist die Rosemarie oder das Dornröschen, das sie dargestellt hatte, aufgewacht. Sie hat sich aufgesetzt und war wieder das fröhliche, neugierige kleine Mädchen, genauso wie sie ins Träumeland gekommen ist.

Mit den Märchenträumen will ich in Zukunft aber doch lieber vorsichtig sein, denn wer weiß, ob ich immer den Zaubermeister Knisterbein bei der Hand habe.

Das Mädchen mit der Brille

Heute will ich euch von einem kleinen, traurigen Mädchen erzählen. Sie hieß Ingrid, ich kannte sie schon länger, denn sie kam jeden Abend pünktlich zu uns ins Träumeland. Sie war früher immer recht fröhlich und hatte auch in der Schule, wo sie in die erste Klasse ging, keine Schwierigkeiten.

Plötzlich aber war sie wie verwandelt. Sie ließ den Kopf hängen und sah betrübt drein, und manchmal sah ich sogar Tränen in ihren Augen schimmern. Was war da los? Der Sache mußte ich auf den Grund gehen. Eines Abends nahm ich sie also beiseite und fragte rund heraus: »Ingrid, warum bist du jetzt immer so traurig? Mir, dem Sandmännchen, kannst du es doch anvertrauen!«

Ingrid blinzelte ein bißchen, sah mich an, seufzte und sagte: »Du bist das

Sandmännchen? So genau habe ich dich noch nie gesehen, jetzt weiß ich also, wie du aussiehst! Ja, und warum ich traurig bin? Das kann ich dir schon sagen: weil ich so schlecht sehe und weil mir oft die Augen brennen. In der Schule, wenn ich etwas von der Tafel abschreiben soll und auch beim Lesen. Die Mutti war mit mir beim Doktor, der hat gesagt...« Sie schluckte heftig und fuhr dann fort: »... er hat gesagt, daß ich eine Brille tragen muß.« Jetzt purzelten ihr wahrhaftig Tränen aus den Augen.

»Aber Mädchen«, sagte ich, »deshalb brauchst du doch nicht zu weinen! Wenn du eine Brille bekommst, dann siehst du ja wieder gut, und dann werden deine Augen geschont und brennen nicht mehr.«

»Das glaube ich nicht«, schluchzte die kleine Ingrid. »Ich mag keine Brille aufsetzen, wahrscheinlich werde ich damit auch nicht besser sehen...«

»So darfst du nicht reden, das ist Unsinn«, verwies ich sie. »Wann bekommst du denn die Brille?«

»Morgen hat sie der Optiker fertig, da holen wir sie zusammen, die Mutti und ich«, sagte die Kleine verzagt.

»Gut, morgen abend reden wir weiter, du wirst sehen, es ist alles nur halb so schlimm!«

Hm, denke ich, ein schwieriger Fall. Wie sollen wir nur das kleine, traurige Brillenmädchen wieder fröhlich machen? Ich bespreche mich mit Trinchen Troll und dem Zaubermeister Knisterbein, und sie versprechen mitzuhelfen.

Trinchen hat eine gute Idee. Sie meint: »Sandmännchen, wie wäre es denn mit einer rosaroten Brille, durch die man alles lustig und viel bunter sieht?«

Wir haben nämlich im Träumeland drei solcher Wunderbrillen, und es ist immer ein großes Hallo, wenn die Kinder eine der Brillen aufsetzen dürfen. Aber das geht natürlich nur bei uns im Träumeland, und die Ingrid braucht ihre Brille ja bei Tage, bei allem, was sie tut.

Doch da springt der Zaubermeister ein. Er grinst sein schlaues »Hokus-Pokus-Lächeln« und sagt: »Laßt mich nur machen, ich weiß schon, was da zu tun ist. Morgen abend sollt ihr es erleben. Ihr wißt ja:

Jeden Spaß für groß und klein
zaubert Meister Knisterbein!«

»Es soll doch kein Spaß sein, sondern eine echte Hilfe«, wende ich ein.

Knisterbein nickt: »Ja, ja, ich weiß, das laß nur meine Sorge sein, Sandmännchen. Also bis morgen!«

Am nächsten Abend bin ich schon neugierig, wie das der Zaubermeister machen will mit dem Brillenmädchen, und ich warte ungeduldig, bis Ingrid erscheint. Sie hat sogar ihre neue Brille mitgebracht, und ich muß sagen, sie sitzt recht keck auf der kleinen Nase und sieht gar nicht schlecht aus. »Wie geht's denn, Ingrid?« begrüße ich sie.

»Ach, Sandmännchen, der Doktor hat gesagt, ich muß mich erst an die Brille gewöhnen. Aber es ist gar nicht so arg.«

»Na, siehst du«, sage ich, »bald wirst du einsehen, daß dir mit der Brille geholfen ist, und damit du nicht mehr so traurig in die Welt guckst, soll dir der Zaubermeister jetzt noch einen kleinen Zauber mitgeben!«

Ich winke dem Knisterbein zu, und der springt auch sogleich herbei.

»He, Ingrid, jetzt gib mir einmal deine schöne neue Brille, du bekommst sie gleich wieder zurück!«

Das Mädchen reicht ihm die Brille. Der Zaubermeister zieht eine der drei rosaroten Wunderbrillen aus seiner Tasche, hält sie über die Brille der kleinen Ingrid und murmelt:

»Hokus-Pokus, jetzt gefällt
mir die ganze weite Welt!«

Verwundert setzt Ingrid die Brille wieder auf, und dann lacht sie fröhlich: »Jetzt ist wirklich alles viel lustiger, so hell und bunt. Ich glaube, ein bißchen von der Wunderbrille hat auf meine abgefärbt, ist es nicht so?«

»Stimmt haargenau«, grinst der Zaubermeister Knisterbein, und ich bin, ehrlich gesagt, froh, daß es so gut geklappt hat.

Trinchen Troll aber freut sich besonders und hat diesmal ein Lob für den Knisterbein bereit: »Zaubermeister, wenn wir dich nicht hätten, wäre das Träumeland nur halb so schön!«

Geschmeichelt verbeugt sich der Zaubermeister Knisterbein, und in seinen Augen blitzt schon der nächste Schabernack auf.

Von der weißen Maus
Mickipitz

Mickipitz, die weiße Maus, ist ein allerliebstes Tierchen. Ihr Fell ist seidenweich, die kleinen Pfoten sind rosarot und die flinken, glänzenden Augen wie Stecknadelköpfe. Dazu hat sie ein langes Schwänzchen und kleine, runde Ohren. Jeder, der sie sieht, ist von Mickipitz entzückt.

Ich habe gar nicht gewußt, daß Mäuse so geschickt sind; sie turnt und springt so possierlich herum, daß man ihr immer zuschauen möchte. Ich wollte ja schon längst eine Mäusefamilie im Träumeland aufnehmen, aber Trinchen Troll war dagegen.

»Das geht doch nicht«, hat sie entrüstet gesagt, »Kinder fürchten sich vor Mäusen, ganz gewiß!«

Da fängt der Zaubermeister Knisterbein fürchterlich zu lachen an.

Sogar der Drache Pimerlan wacht davon auf: »Uaaaah, was gibt es denn so Lustiges?« gähnt er.

Der Zaubermeister schlägt sich auf die Schenkel vor Vergnügen und ruft: »Hehehehe, ich weiß schon, wer sich vor Mäusen fürchtet – nicht die Kinder, sondern Trinchen Troll!«

Und damit scheint er ins Schwarze getroffen zu haben, denn Trinchen wird puterrot und schnappt nach Luft.

Zaubermeister Knisterbein aber lacht immer noch, und dann trällert er: »Trinchen, fasse Mut, kein Mäuslein dir was tut!«

Wie das unser Trinchen ärgert! Trinchen ist wirklich ein kleiner Angsthase, und weil sie sich ertappt fühlt in ihrer Furcht, wirft sie dem Knisterbein ihr Putztuch an den Kopf.

Seht ihr, und deswegen hatten wir bisher kein Mäuschen im Träumeland. Das sollte sich aber eines Tages ändern.

Trinchen Troll kam heulend zu mir:

»Sandmännchen, ein Schlüssel fehlt, einer von den vielen silbernen Schlüsseln, die ich zum Aufsperren der Kästchen und Lädchen brauche, in denen die Traumwünsche verwahrt sind.«

Das brave Trinchen war wirklich verzweifelt. Für mich war das auch nicht ganz einfach. Der Schlüssel mußte wieder her, wir brauchten ihn.

Es war alles umsonst, das Jammern und das Suchen. Niemand konnte uns helfen. Wie soll man auch einen so kleinen Schlüssel im großen Träumeland finden?

Der Riese Bullebos kratzte sich hinter dem Ohr und brummte sein bekanntes Sprüchlein: »Ich bin so groß wie eine Tanne, so breit wie eine Eiche, aber leider nur halb so gescheit wie ein Birnbaum, hat meine Großmutter immer gesagt. Wie soll ich da einen kleinen Schlüssel finden?«

Der Drache Pimerlan konnte vor lauter Gähnen gar nicht reden, und Binge-Bange, die Riesenschlange, schlängelte sich durchs Gras mit ungefähr drei Kilometer Stundengeschwindigkeit und versicherte: »Ich sssssssuche, ich sssssssuche . . .« Aber gefunden hat sie nichts.

Diesmal versagte auch Zaubermeister Knisterbein, von Muffi, dem Esel, will ich gar nicht reden!

Als wir uns ratlos ansahen, hörten wir ein feines Geräusch am Tor.

»Aufmachen, bitte aufmachen, ich bin es!« rief ein dünnes Stimmchen.

»Wer ist ›ich‹?« fragte Bullebos, der sich wieder auf sein Wächteramt besann.

»Ich heiße Mickipitz, macht doch auf, es ist dringend!«

Bullebos öffnete also, und draußen kauerte ein weißes Mäuschen, eben diese Mickipitz.

»Hooo, was willst du?« schnaufte der Riese.

»Ich habe hier vor dem Tor einen kleinen, silbernen Schlüssel gefunden und möchte nur fragen ob . . .«

»Ich habe einen silbernen Schlüssel gefunden!«

Weiter kam Mickipitz nicht, denn Trinchen schrie auf: »Mein Schlüssel! Es ist der Schlüssel!« Sie nahm ihn vom Mäuschen entgegen und hielt ihn mir vor die Nase: »Sandmännchen, da haben wir aber Glück gehabt! Wer hätte ihn wohl draußen vor dem Tor gesucht?«

Wir waren alle sehr froh, daß der Schlüssel wieder da war.

»Wie hast du ihn denn gefunden?« fragte ich die Maus.

»Oh, er wäre mir beinahe auf den Kopf gefallen. Das Tor war gerade offen, auf einmal flog der Schlüssel durch die Luft. Das ist seltsam, dachte ich, seit wann haben denn solche Dinge fliegen gelernt?«

Da grinste Zaubermeister Knisterbein wieder einmal sehr hinterhältig und fragte scheinheilig: »Trinchen, wie oft hast du wohl heute dein Putztuch ausgebeutelt?«

»Ungefähr zwölfmal«, sagte Trinchen kleinlaut, »und du meinst, daß ich dabei den Schlüssel aus der Tasche gerissen habe?«

»Ob ich das meine«, nickte Zaubermeister Knisterbein, »und jetzt kannst du dich bei dem weißen Mäuschen bedanken!«

Seither hat sich vieles geändert: Trinchen Troll fürchtet sich nicht mehr vor Mäusen, im Gegenteil, sie ist mit Mikkipitz befreundet, und ich habe die weiße Maus eingeladen, bei uns im Träumeland zu bleiben.

Wollt ihr sie auch kennenlernen? Dann kommt sie nur recht bald besuchen, sie ist nämlich allerliebst!

Ein Osterei für den Zaubermeister

Unser Zaubermeister Knisterbein hat sich beim Osterhasen ein großes, besonders prächtiges Ei bestellt. Blau sollte es sein, denn Blau ist seine Lieblingsfarbe. Der Osterhase, der ein gefälliger Bursche ist, hat also diese Bestellung sogleich durchgeführt, und der Zaubermeister freute sich über sein blitzblaues Ei. Er hat noch rasch viele goldene Sternchen daraufgezaubert, und dann hat er es mir unter die Nase gehalten und stolz ausgerufen: »Sandmännchen, hast du schon jemals ein so schönes Osterei gesehen?«
Ich mußte zugeben, daß es tatsächlich das hübscheste Osterei weit und breit war, und auch Trinchen Troll war ganz entzückt. Da hat sich der Zaubermeister sehr geschmeichelt gefühlt, und er hat so getan, als ob er das Ei selber

gelegt hätte. Er hat sich wieder einmal als der großartigste Zaubermeister weit und breit gefühlt, alle anderen waren neben ihm Stümper und kleine Krabbler – auch der Osterhase oder das Trinchen, das ja stets dem Osterhasen hilft, die Eier recht schön und bunt zu bemalen.

Kurz gesagt, es ging mir allmählich auf die Nerven, wie sich Knisterbein unaufhörlich selbst lobte und herausstrich. Ich sagte schließlich: »Bescheidenheit, mein lieber Knisterbein, hast du gerade nicht gepachtet. Du solltest dich ein wenig darum bemühen. Es ist nämlich besser, man wird von den anderen gelobt, als man lobt sich selbst, merke dir das!«

Danach begab ich mich zu meinem abendlichen Rundgang an die Betten der Kinder.

Als ich nach einiger Zeit zurückkam, herrschte große Aufregung im Träumeland.

Das wunderschöne große Ei mit den

goldenen Sternchen war verschwunden.

Der Zaubermeister war außer sich.

»Ich habe es verloren, vielleicht ist es mir auch gestohlen worden«, jammerte er. Weil er das Ei überall herumzeigen wollte, hatte er es in der Tasche seines weiten Mantels mit sich getragen, und gerade in dieser Tasche war ein Loch. Das war so groß, daß sogar ein Osterei durchfallen konnte.

Jetzt rannte unser Knisterbein verzweifelt hin und her und suchte sein prächtiges Ei.

Trinchen Troll beobachtete ihn eine Weile schweigend, dann sagte sie ganz ruhig: »Knisterbein, du bist doch so ein großartiger Zaubermeister, eigentlich müßtest du dir das Osterei doch wieder herbeizaubern können. Versuche es doch!«

Da murmelte Knisterbein etwas in seinen Bart und ging ärgerlich davon. Ja, so ein großartiger Zauberer war er eben doch nicht!

Trinchen lief ihm nach. »Vielleicht kann *ich* zaubern«, sagte es.

»Du? Wie willst du denn das machen?« stotterte der Zaubermeister.

»Ich bin gar nicht so dumm, wie du immer glaubst, ich werde dir sagen, wo du dein Osterei finden kannst!«

Da war der Zaubermeister zum ersten Mal seit langer Zeit sprachlos. Endlich stotterte er: »Wo – wo – kann ich es denn finden?«

»Geh links an der Träumelandmauer entlang, dann bei den drei Birken ein Stück rechts. Da kommst du zu einem hohen Baum, der hat im Stamm eine kleine Höhlung und dort drin liegt dein Ei.« Stolz blickte das Trinchen in die Runde.

Der Zaubermeister hörte auf, sich zu wundern, und sauste davon. Seine Pantoffel flogen ihm von den Füßen, so eilig hatte er es.

Trinchen Troll aber lächelte mir verschmitzt zu: »Ich habe das Ei gefunden, es ist ihm wirklich aus der Tasche

88

»Hm, sonderbar, höchst sonderbar...«

gerutscht. Und dann habe ich es in die Höhlung des alten Baumes gelegt, er soll denken, daß auch ich zaubern kann. Jedenfalls wollte ich mir auch einmal einen kleinen Spaß mit ihm machen!«

Ich mußte lachen. »Du hast ganz recht, Trinchen«, sagte ich, »es tut dem übermütigen Zaubermeister nur gut, wenn er einmal sieht, daß andere mehr können als er!«

Als nun Knisterbein mit seinem Osterei zurückkam, lobte ich Trinchen und meinte, sie hätte damit bewiesen, daß sie über außerordentliche Zauberkräfte verfüge. Dabei zwinkerte ich ihr zu und beobachtete Knisterbein genau.

Unser Zaubermeister Knisterbein wakkelte mit dem Kopf, sah das Osterei in seiner Hand an, sah Trinchen Troll an und murmelte etwas verwirrt: »Hm, sonderbar, das ist wirklich höchst sonderbar!«

Wem er wohl das blaue Osterei mit

den Sternchen schenken wird? Schließlich sind Ostereier doch zum Verschenken da, meint ihr nicht auch?

Der Zauberstab

Trinchen Troll ist eine neugierige, kleine Person, das wissen wir schon. Aber daß sie so fürwitzig ist und heimlich das Zauberstäbchen des Zaubermeisters nimmt, das hätte ich ihr doch nicht zugetraut. Jedenfalls war es eine schöne Bescherung, die sie damit angericht hat!

Wie ist das nur zugegangen? Ich will es euch gleich erzählen: Trinchen wollte also ausprobieren, wie das mit dem Zauberstäbchen vor sich ginge. Knisterbein war ausgegangen und, das wußte Trinchen, hatte sein Zauberstäbchen in den Kasten gelegt. Natürlich war sein Kasten abgesperrt, aber unser Trinchen, oho! Da sie ja alle Schlüssel an ihrem großen Schlüsselbund hatte, sperrte sie den Kasten auf und nahm das Zauberstäbchen heraus. Gleich probierte Trinchen eines der

Zaubersprüchlein aus, die sie dem Zaubermeister abgelauscht hatte. Dabei hatte sie aber keine Ahnung, wozu das Sprüchlein gut war und was es bewirken sollte.

Dreimal Hokus-Pokus mit dem Stäbchen durch die Luft, »krixi kraxi, lari faxi« – schon war das Unglück passiert: Aus allen Schüsseln, Töpfen und Pfannen, die Trinchen in der Küche hatte, sprangen kleine, grüne Frösche. Alles war voller Frösche. Es war zum Verrücktwerden. Das quakte und platschte und hüpfte, daß das Trinchen wie am Spieß schrie. In großer Angst schwang Trinchen nochmals das Zauberstäbchen und rief: »Abra kadabra...« Das war wieder falsch, denn plötzlich verwandelte sich alles ringsum in spiegelndes Eis, auch der Fußboden. Plumps saß das Trinchen auf dem Popo. Es stand mühsam auf, und schon rutschten wieder die Füße weg. Es war eine mühsame Sache, und Trinchen wußte sich nicht mehr zu

Aus allen Töpfen sprangen kleine, grüne Frösche.

94

helfen. Sie versuchte es zum drittenmal mit einem Zauberspruch: »Larium, farium, dreh dich um!«

Und dann war von dem Trinchen überhaupt nichts mehr zu sehen.

Es hatte sich selber unsichtbar gezaubert. Nur das Zauberstäbchen, das das Trinchen in der Hand hielt, sah man noch. Es schien in der Luft zu schweben, und es sah etwas sonderbar aus. So fand ich, das Sandmännchen, das unglückliche Trinchen vor, oder besser gesagt *nicht* vor. Ich hörte nur Trinchens weinerliche Stimme: »Hilfe! Ach, du liebe Zeit, helft mir doch!«

»Wo bist du denn, Trinchen«, frage ich.

»Da – da bin ich, aber ich kann mich selber nicht sehen«, jammert Trinchen.

Nur an der Bewegung des Zauberstäbchens sehe ich, wo sich Trinchen befinden könnte.

»Was hast du denn mit dem Zauberstäbchen angestellt?« frage ich. Da fällt das Zauberstäbchen zu Boden, und um meinen Kopf schwirrt eine Fliege. Die ruft mit einem ganz dünnen, summenden Stimmchen: »Hier bin ich, Sandmännchen, hier! Hilfe, ich glaube, jetzt bin ich in eine Fliege verzaubert!«

»Das scheint mir auch so«, brummte ich. Eine schöne Geschichte war das: eine Stubenfliege, die Trinchen Troll hieß und um Hilfe flehte! Wie konnte ich nur helfen?

Zum Glück erschien da der Zaubermeister Knisterbein. Es war höchste Zeit! Ich unterrichtete ihn von dem Vorgefallenen und bat ihn, Trinchen aus ihrer verzweifelten Lage zu befreien.

Der Zaubermeister brach in lautes Gelächter aus: »Was du nicht sagst! Das kluge Trinchen Troll hat sich selbst in eine Fliege verzaubert? Das ist ein köstlicher Spaß! Aber das kommt davon, wenn man heimlich meinen Kasten aufsperrt und mein Zauberstäbchen herausholt! Wenn man glaubt, so

gut zaubern zu können wie ein Zaubermeister. Das soll dir eine Lehre sein, Trinchen. Hast du verstanden?«
»Sssssum, sssssumsummmmm...«, machte die Fliege und faltete bittend die Vorderbeinchen. Sie saß jetzt auf der Lehne eines Küchenstuhls und tat mir sehr leid.
Der Zaubermeister hatte seinen Zauberstab an sich genommen, schwang ihn über dem Küchenstuhl und rief:
>>Eins und zwei, und zwei und drei,
Zauberspuk sei nun vorbei!«
Trinchen plumpste in der gewöhnlichen Trinchen-Gestalt von der Sessellehne herunter, rieb sich den Rücken und sagte kleinlaut: »Danke schön!«
»Gern geschehen«, grinste der Zaubermeister und spazierte pfeifend davon.
Ich war froh, daß alles so gut ausgegangen ist, denn am Ende hätte mich Trinchen mit dem entwendeten Zauberstäbchen auch noch verzaubern können. Vielleicht in einen dicken Maikäfer oder in ein anderes Tier.

Stellt euch das nur vor! Wer wäre dann am Abend zu euren Betten gekommen? Es ist nicht auszudenken!

Als der Drache Pimerlan krank war

Daß es den Drachen Pimerlan im Träumeland gibt, das wißt ihr. Nun will ich euch etwas mehr von ihm erzählen.

Als wir ihn in das Träumeland aufnahmen, hat er sich bereit erklärt, auch etwas zum Spaß der Kinder beizutragen.

»Ich könnte ganz wild die Augen rollen«, schlug er vor.

»Lieber nicht«, sagte Trinchen Troll, »die Kinder würden sich schrecken!«

»Ich könnte mit dem Schweif schlagen«, meinte der Drache.

»Lieber nicht, du könntest ein Kind damit erwischen«, sagte ich, das Sandmännchen.

»Ich könnte Feuer speien, wäre das nicht lustig?« sagte Pimerlan kleinlaut. Er wollte sich doch so gerne nützlich machen bei uns.

»Kann mir Lustigeres vorstellen«, grinste der Zaubermeister Knisterbein. »Aber ich hätte einen anderen Vorschlag: Könntest du nicht die kleine bunte Eisenbahn ziehen, in der die Kinder über die Träumelandwiese fahren?«

»Oh ja, das wäre gut«, brummte der Riese Bullebos, »die Lokomotive ist nämlich kaputt. Ich bin zwar so groß wie eine Tanne, so breit wie eine Eiche und leider nur halb so gescheit wie ein Birnbaum, und deshalb kann ich auch nicht die Lokomotive wieder in Ordnung bringen!«

Trinchen Troll klatschte in die Hände. »Das ist ein guter Einfall, Bullebos! Ja, der Pimerlan soll die kleine Eisenbahn ziehen!«

Der gutmütige Drache war damit einverstanden, und schon in der nächsten Nacht spannte er sich vor die kleinen Holzwaggons und schnaufte brav durchs Träumeland, solange die Kinder nur wollten.

Einige Zeit verging, Pimerlan erschien

Pimerlan schnaufte brav durchs Träumeland.

101

pünktlich zum Dienst und erfüllte seine Aufgabe zur Zufriedenheit aller. Einmal aber blieb er aus, wir machten uns schon Sorgen um ihn, da erhielt ich durch die Vogelpost – eine Amsel stellte mir ein Brieflein zu – ein Schreiben von Pimerlan. Mit einer großen, windschiefen Krakelschrift, die aussah, als wären die Buchstaben lauter Heuschreckenbeine, teilte mir der Drache folgendes mit (Ich gebe es hier mit allen Rechtschreibfehlern bekannt. Vielleicht gibt es schon einige unter euch, die es verbessern können!):

»Lübes Sandmännchen! Bün leiter verlezt am virrten Hünterfuß. Deshalb kan nicht gut griechen. Kan deßhalp nücht ins Träumelant komen und die gleine Eisenbahn zühen. Tuuut mür sehrr leit. Hofentlüch balt besser!«

Ich hatte Mühe, dieses Schreiben mit den vielen Fehlern zu entziffern, aber Drachen haben es eben nicht besser gelernt in ihrer Drachenschule!

»Der arme Pimerlan«, sagte das Trinchen mitleidig, »wer weiß, wie es ihm jetzt geht? Sollten wir ihm nicht eine gute Zaubermedizin hinüber in den Schlafwald schicken, Sandmännchen?« Ich nickte. Freilich, daran hatte ich auch schon gedacht.

»Ich werde den Zaubermeister Knisterbein bitten, sie dem Pimerlan zu bringen«, sagte ich.

Doch Trinchen rief: »Laß den Zaubermeister aus dem Spiel, Sandmännchen, dem traue ich nicht, der ist imstande und stellt wieder etwas an. Mir hat er doch einmal, als ich Zahnschmerzen hatte, lange Fellohren an den Kopf gezaubert. Damit ich mir damit die Backe wärmen könne, hat er gesagt! Nein, nein, schicke doch lieber den Riesen Bullebos, der ist verläßlicher!«

»Ja, ja, bin verläßlich«, schnaufte der Riese und fing gleich wieder mit seinem Sprüchlein an: »Bin so groß wie eine Tanne, so breit wie eine Eiche und leider nur halb so gescheit wie ein Birnbaum, hat meine Großmutter immer gesagt, und darauf könnt ihr euch verlassen!«

»Nun gut, wir verlassen uns darauf, daß du nur halb so gescheit wie ein Birnbaum, aber ungeheuer verläßlich bist«, sagte Trinchen Troll und zwinkerte mir zu.

Es dauerte gar nicht lange, da war der gute Drache Pimerlan wieder im Dienst. Sein sechster Hinterfuß war ausgeheilt, und er zog wieder voll Fleiß und gutem Willen die kleine Holzeisenbahn. Sie war diesmal ganz vollgepackt mit Kindern, die ihren Spaß daran hatten, wenn Pimerlan ab und zu kleine Dampfwölkchen aus seinem Maul ausstieß oder ein paar Flammen lodern ließ. Das tat er aber nur seinen Passagieren zuliebe, denn er hatte sonst solche zusätzliche Mühen nicht besonders gerne.

Keines der Kinder fürchtete sich mehr vor ihm, alle mochten den gutmütigen Drachen.

Ein kleiner, blonder Frechdachs sang

ein selbsterdachtes Lied, das ging
so:

»Pimerlan, Pimerlan,
bist die beste Eisenbahn,
leider kommst du kaum vom
Fleck,
bist so langsam wie ein Schneck'!«
Bald sangen alle Kinder mit, es war
sehr lustig. Unser Pimerlan aber nahm
es ihnen durchaus nicht krumm, er
lachte sein komisches Drachenlachen
und wackelte gemütlich weiter.

Unordnung im Märchengarten

Ihr wißt, Trinchen Troll hält überall Ordnung. Auch im Märchengarten, den es hier bei uns im Träumeland natürlich auch gibt. Da muß ich euch aber zuerst erzählen, welche Bewandtnis es mit unserem Märchengarten hat!
Alle Figuren aus euren Märchen und Bilderbüchern tummeln sich da lebendig herum. Sie bewegen sich, reden und erzählen; in unserem Märchengarten geht es oft sehr lebhaft zu. Jedes Märchen hat eine andere Ecke des Gartens: Da findet ihr alle Dornröschenfiguren beisammen, die Prinzessin, den Königssohn, die Alte in der Spinnkammer, den dicken Koch, den Küchenjungen und alle, die dazugehören. Oder ein anderes Märchen: der Gestiefelte Kater, auch da ist alles, was

dazugehört. In der nächsten Ecke wieder steht das Knusperhäuschen von Hänsel und Gretel, das Räuberhaus mit den Bremer Stadtmusikanten, und auf der Wiese tummeln sich die Sieben Geißlein. Der Hans im Glück schleppt seinen Goldklumpen, der Froschkönig sitzt am Brunnenrand und sieht der Prinzessin entgegen, und das Schneewittchen ruft seine Sieben Zwerge zusammen.

Wenn dann ein Kind ins Träumeland kommt, das sich eines dieser Märchen als Traum wünscht, dann wird es in den Märchengarten geführt, und hier findet es sein Märchen. Trinchen Troll sorgt dafür, daß alles klappt. Dafür hält sie hier auch strenge Ordnung, genau wie in den Kästchen und Lädchen, zu denen sie ja die Schlüssel besitzt.

Nun ist aber trotzdem etwas passiert, was nicht hätte passieren sollen: Eines Tages sind alle Märchen durcheinandergekommen.

Ein kleiner Bursche, der Peter, hat sich

bitter darüber beklagt, daß in »seinem« Märchen alles ganz anders sei, als er es gewohnt war: »Seit wann schüttelt denn die Frau Holle ihre Betten über dem ›Tischlein-deck-dich‹ aus? Und der Goldesel hat einen Streit mit dem Hans im Glück... das stimmt doch nicht, he?«

Der kleine Peter war ein aufmerksamer Märchenkenner, er runzelte die Stirn und schaute Trinchen Troll fragend an.

Unser Trinchen schnappte nach Luft. Ihr vorzuwerfen, daß sie nicht Ordnung hielt im Märchengarten, war arg! Davon mußte sie sich gleich überzeugen. Also ging sie nachsehen.

Tatsächlich: Alle Märchen waren durcheinandergeraten. Rumpelstilzchen tanzte nicht um sein Feuer, sondern trieb sich im Hexenhaus mit Hänsel und Gretel herum. Die Knusperhexe wiederum machte sich's im Kreise von Schneewittchen und den Zwergen bequem, und die Bremer

Alle Märchen waren durcheinandergeraten!

Stadtmusikanten spielten den Sieben Geißlein zum Tanz auf. Der Gestiefelte Kater fand sich im Märchen vom Tapferen Schneiderlein, und die Fee saß bei Rapunzel im Turm und bürstete dem Mädchen die langen Haare.

»Das stimmt alles nicht«, sagte Peter und schaute unser Trinchen Troll strafend an. »Ich kenne die Märchen ganz genau, bei dir ist ja alles durcheinander!«

Stellt euch vor, wie verzweifelt da unser Trinchen Troll war. Das hatte ihr noch keiner gesagt, daß sie nicht Ordnung hielt!

Ich habe ja den Zaubermeister Knisterbein in Verdacht, daß er seine Hände im Spiel gehabt hat, aber wer kann ihm das nachweisen?

Mit Peters Hilfe haben wir jedenfalls im Märchengarten wieder Ordnung geschafft. Jetzt sitzt das Schneewittchen wieder inmitten seiner sieben Zwerge, das Dornröschen auf seinem Schloß, der Froschkönig ist auch dort,

wo er hingehört, und das Rumpelstilzchen tanzt um sein Feuerlein und
singt: »Heute brat' ich, morgen back'
ich, übermorgen hole ich der Königin
ihr Kind!« Ganz wie es sich gehört!
Und damit ist der Peter zufrieden.

Die verwunschene Geburtstagstorte

Eines meiner Träumeland-Kinder, es heißt Roswitha, hatte Geburtstag. Auf dem Tisch stand eine prächtige Geburtstagstorte. So eine mit Zuckerglasur und kleinen Lichtern drauf. In der Mitte aber gab es Marmelade und eine Schokoladecreme. Roswitha freute sich sehr über diese schöne Torte, die zur Geburtstagsjause, zu der ihre Freundinnen geladen waren, angeschnitten werden sollte. Am liebsten hätte das kleine Mädchen seine Geburtstagstorte sofort angeschnitten, aber die Mutter hatte gemeint: »Das mache ich doch lieber selber und erst am Nachmittag, wenn deine Gäste kommen.«

Sie bereitete schon alles vor, stellte die Schalen und Teller auf den Tisch, die kleinen Löffel, den Tortenheber und ein großes Messer. »So, jetzt gehe ich in die Küche, den Kakao kochen«, sagte sie.

Roswitha blieb mit ihren Geschenken und der Geburtstagstorte allein. Und da kam es über sie: Ich will meine Torte selber anschneiden, dachte sie. Ich kann mit dem Messer genauso gut umgehen wie die Mutter, bin doch kein Wickelkind mehr!

Sie griff nach dem Messer, zog die Torte zu sich heran und begann mutig daraufloszusäbeln. So, wie sie es eben bei den Großen gesehen hatte. Aber es war wie verhext – das Messer wollte nicht schneiden. Die Glasur auf der Torte war zwar zersprungen, aber weiter geschah nichts. Es war unmöglich, auch nur einen Schnitt in die Torte zu machen. Roswitha strengte sich an, bis ihr die Schweißtropfen auf der Stirne standen, es ging einfach nicht. War denn die Geburtstagstorte aus Gummi statt aus Teig, oder was war los mit ihr? Da machte die Torte plötzlich einen

Hops und hüpfte wie ein Ball vom Tisch.

»Halt, halt, meine Torte!« schrie das kleine Mädchen.

Aber nichts konnte die Torte aufhalten. Sie hüpfte und rollte durch das Zimmer, sie sprang auf die Kommode, von der Kommode aufs Fensterbrett und vom Fensterbrett – husch, husch, hinaus in den Garten. War das ein Schreck!

»Meine Torte, meine schöne Geburtstagstorte!« schrie Roswitha. Sie warf die Arme nach vorn und wollte zupakken, festhalten ... Es war ihr Kopfkissen, das sie umklammert hielt. Sie lag im Bett und hatte alles nur geträumt.

»Bin ich froh, daß die Geschichte mit der Torte nicht Wirklichkeit ist«, seufzte das kleine Mädchen und kuschelte sich wieder unter die Decke. Geburtstag gab es ja erst nächste Woche, und wer weiß, ob sie dann noch Lust hatte, die Torte selber anzuschneiden? Die Mutter konnte das be-

Die Torte hüpfte wie ein Ball vom Tisch.

stimmt viel besser. Mit diesen Gedanken schlief Roswitha noch einmal ein. Ich, das Sandmännchen, saß daneben und schmunzelte in mich hinein. Ich mußte an den Ausspruch des Zaubermeisters Knisterbein denken, der gesagt hatte: »Weißt du, Sandmännchen, manchmal sind Träume, in denen man ein bißchen erschrickt, gar nicht so schlecht, besonders für vorwitzige Kinder!«

Also, ich bin nicht fürs Erschrecktwerden, aber möglicherweise hat er doch recht, der Zaubermeister – ganz sicher bin ich mir da nicht!

Der Schlafzauber

Neulich habe ich einen Brief von der Lisbeth erhalten, in dem schreibt sie: »Liebes Sandmännchen, bitte verrate mir doch das Sprüchlein für den großen Schlafzauber. Ich kann abends nicht einschlafen. Vielleicht weißt du auch ein Mittel gegen das Fürchten. Im finsteren Zimmer fürchte ich mich, wenn ich allein bin. Die Großen sagen, das ist ein Blödsinn, aber das hilft auch nichts. Hilf mir doch bitte! Schöne Grüße von deiner Lisbeth.«

Leider konnte ich das Sprüchlein für den großen Schlafzauber nicht auswendig, und so ging ich zum Zaubermeister Knisterbein, um ihn darum zu bitten.

Der Zaubermeister aber schüttelt den Kopf und brabbelt: »Liebes Sandmännchen, der große Schlafzauber ist ein Geheimnis des uralten Zaubermeisters

Siebenohr. Das ist ein Onkel der Hexe Lillebo. Er wohnt auch irgendwo draußen im Schlafwald, aber ich bin mit ihm nicht gerade auf freundschaftlichem Fuße, genauer gesagt: Wir mögen einander nicht. Von dem werden wir den großen Schlafzauber sicher nicht erfahren. Das kannst du vergessen, Sandmännchen.«

»Aber die Lisbeth soll doch schneller einschlafen können, und fürchten sollte sie sich auch nicht im dunklen Zimmer. Was machen wir denn da?«

Der Zaubermeister Knisterbein reibt sich die Nase, bohrt ein wenig in seinem rechten Ohr, hüpft von einem Fuß auf den anderen und sagt dann: »Sandmännchen, wenn ich auch nicht den großen Schlafzauber weiß, mit einem kleinen könnte ich schon dienen. Willst du meinen kleinen ›Spezial-Knisterbein-Schlafzauber‹ hören?«

Natürlich will ich ihn hören und ich will ihn mir ganz besonders gut einprägen, denn ich muß ja der Lisbeth beim Einschlafen helfen. »Also schieß los«, sage ich, und der Zaubermeister stellt sich vor mir auf und murmelt:

»Eins, zwei, drei Schafe grasen
auf dem Rasen.
Wie sie blasen
mit den Nasen!
Und es kommen immer mehr
aus dem Träumeland daher.
Schafe, Schafe ohne Ruh',
eins, zwei, drei – die Augen zu!«

»Das ist gut«, sage ich, »dabei werde ich selber ganz schläfrig.« Der Zaubermeister Knisterbein lacht und wiederholt sein Sprüchlein, damit ich es mir gut merke.

Am Tor ist der Riese Bullebos schon eingeschlafen, ein schöner Wächter ist das! Auch Binge-Bange, die Riesenschlange, schläft auf der Wiese, und der Drache Pimerlan gähnt, daß ich glaube, es zerreißt ihm sein Drachenmaul. Wenn das Sprüchlein auch so bei der Lisbeth wirkt, dann kann ich ja zufrieden sein, denke ich. Jetzt will ich

Und der Drache Pimerlan gääähhnt . . .

120

es ihr aber auch noch selber sagen, ihr und allen anderen kleinen Freunden, die es schwer haben, zu uns ins Träumeland zu finden. Also paßt auf:

»Wenn ihr im Bett liegt und euer Abendgebet gesprochen habt, dann schlüpft schön unter die Decke, legt euch recht bequem hin und seid zufrieden, daß ihr ein schönes, weiches Bett habt. Denkt ein bißchen an mich und freut euch auf den Besuch im Träumeland. Das Trinchen Troll erwartet euch schon, und der kleine Esel Muffi, das weiße Mäuschen Mickipitz und viele andere Spielgefährten. Dann sagt ihr euch leise das Sprüchlein vom Zaubermeister Knisterbein vor, ich bin sicher, daß es nicht mehr lange dauern wird und ich euch hier im Träumeland begrüßen kann.

Was das Fürchten vor dem finsteren Zimmer betrifft, liebe Lisbeth, das erledigt sich dann von selber. Du hast nämlich gar keine Zeit mehr, dich zu fürchten, weil du an so viele andere

Dinge denken mußt. Vor allem an das »Spezial-Knisterbein-Schlafzaubersprüchlein«. Habt ihr es euch gemerkt? Hier ist es noch einmal:

»Eins, zwei, drei Schafe grasen
auf dem Rasen.
Wie sie blasen mit den Nasen!
Und es kommen immer mehr
aus dem Träumeland daher.
Schafe, Schafe ohne Ruh',
eins, zwei, drei – die Augen zu!«

Gute Nacht, meine Freunde!

Ist der Esel dumm?

»Was wollt' ich denn, was sollt' ich denn? Jetzt habe ich es wieder ganz vergessen«, schusselte das Trinchen Troll herbei. Hundert Dinge hatte es wieder in seinem Kopf, das eilige Trinchen und so hatte es vergessen, was es mich fragen wollte. Endlich fiel es ihr wieder ein. Atemlos rief sie: »Sandmännchen, sage mir, ist es ein Schimpfwort, wenn man zu jemandem ›dummer Esel‹ sagt?«

Freilich, das ist es, nicke ich, und bin neugierig, worauf das Trinchen damit anspielt.

Trinchen Troll zieht die Stirn in Falten und überlegt. »Wenn man es aber zu einem Esel sagt, der ja sowieso ein Esel ist, ist es dann auch ein Schimpfwort?«

Hm, so leicht ist die Frage gar nicht zu beantworten. Natürlich kann einmal ein Esel dumm sein, es kann aber auch eine Klapperschlange oder ein Kanarienvogel dumm sein, und wenn man die als »dumme Schlange« oder »dummer Vogel« anspricht, so ist das zwar nicht sehr schmeichelhaft, aber ein Schimpfwort ist es gerade auch nicht. Das ist jedenfalls meine Meinung, und die sage ich dem Trinchen. Damit ist es einverstanden, aber wir sind noch nicht am Ende, das merke ich an Trinchens Miene.

»Weißt du, Sandmännchen«, sagt sie; »da ist doch der Muffi, unser kleiner Träumeland-Esel bei mir gewesen, und der hat sich bitter beklagt, daß man immer ›dummer Esel‹ schimpft, wenn irgendwer irgendwas Dummes angestellt hat. Der Muffi hat die langen Ohren hängen lassen und gesagt: ›Warum gebraucht man immer meinen Namen als Schimpfwort? Ich bin ja schließlich nicht an allem Dummen, das auf der Welt passiert, schuld!‹«
Ich kann mir gut vorstellen, wie ge-

kränkt der kleine Muffi dabei dreinge-
schaut hat, und frage, ob Trinchen ihn
trösten konnte.

Trinchen nickt eifrig. Ja, das hat sie
getan. Alle berühmten und beliebten
Esel aus den Märchen hat sie ihm auf-
gezählt:

Den Esel aus den Bremer Stadtmusikanten,

den Esel vom Tischlein-deck-dich,

den Esel vom Rübezahl,

den Esel, der rechnen konnte,

den Esel, der im Zirkus ein Star war.
Aber alles hat nichts geholfen, der
arme kleine Muffi hat sich weiter gekränkt. »Ich will nicht mehr Esel ge-
nannt werden, ich brauche einen anderen Namen«, hat er gerufen.

»Einen Esel nennt man gelegentlich
auch ›Grauohr‹«, werfe ich ein. »Wir
könnten ja von jetzt ab ›Muffi, das
Grauohr‹ zu dir sagen. Würde dir das
besser gefallen?«

»Ist Grauohr ein Schimpfwort?« fragt
Muffi mißtrauisch.

Wir verneinen beide, Trinchen und ich. Jedenfalls habe ich noch nie gehört, daß Menschen sich mit »du Grauohr« beschimpfen. Ich sage das dem Muffi, und er ist sehr erleichtert. Von nun an will er also »Grauohr« heißen, und es beruhigt ihn, daß dieser Ausdruck auf seine schönen, langen Fellohren hinweist, auf die er stolz ist, und daß er nun nicht unbedingt mit dem Wörtchen »dumm« versehen werden muß.

»Sandmännchen«, sagt Trinchen Troll, nachdem Grauohr Muffi zufrieden abgezogen ist, »meinst du nicht auch, wir sollten alle Kinder bitten, einander nicht mehr mit ›dummer Esel‹ zu beschimpfen? Auch ›dummer Affe‹ oder ›dummes Kamel‹ sollten sie nicht sagen. Wenn alle Tiere so empfindlich und gekränkt sind wie unser Muffi, dann müßten wir ja viele von ihnen umtaufen. Wer weiß, ob uns dafür genügend Namen einfallen würden?«

Hat es nicht recht, unser Trinchen

Troll? Denkt einmal darüber nach! Und vergeßt nicht, wenn ihr ins Träumeland kommt, den Muffi als »Grauohr« anzusprechen, sonst läßt er euch nicht mehr auf seinem Rücken reiten.

Das Maifest

Das war eine Aufregung heute im Träumeland! Das gute Trinchen Troll war ganz außer sich und schusselte mit ihrem »Was sollt' ich denn, was wollt' ich denn?« überall herum. Von früh bis spät hat Trinchen geputzt und gearbeitet, damit nur alles glänzt und sauber ist für unser Maifest. Und jetzt lade ich euch alle ein, zu uns, zum Maifest ins Träumeland, zu kommen. Es beginnt gleich, nachdem ihr eingeschlafen seid, und dauert bis zum Morgen.

Viele fröhliche Überraschungen warten da auf euch. Alle Bäume haben ihr schönstes Blütenkleid angezogen, die große Festwiese ist mit einem grünen Grasteppich bedeckt und wartet darauf, daß ihr hier eure lustigen Spiele spielt. Auch einen Maibaum haben wir, der ist so hoch, daß ihn nur der kühnste Kletterer bis zur Spitze erklimmen kann. Oben hängt ein grüner Kranz, an dem sind allerlei gute Sachen befestigt. Würstchen hängen da und Schokoladeriegel, Marzipanäpfel, bunte Bonbons, kleine Trompeten, Püppchen und Teddybären und bunte Bälle in Netzen. Das wäre doch etwas für euch?

Deshalb beeilt euch nur mit dem Schlafengehen und dem Einschlafen! Trinchen Troll hat einen langen, festlichen Tisch für euch gedeckt, was sie euch da vorsetzen will, darf ich aber nicht verraten, das habe ich ihr fest versprechen müssen.

Aber die Geschichte von der Festwiese, die muß ich euch doch erzählen, die war wirklich sehr komisch, obwohl dem guten Trinchen die Tränen näher waren als das Lachen. Gelacht haben die anderen, und ich gestehe: ich auch!

Also das war so: Unser Trinchen arbeitet mit dem Gartenrechen auf der Festwiese. Sie plagt sich sehr, um alles schön glatt und eben zu machen. Um jedes Steinchen bückt sich Trinchen, und sie hebt jedes Blättchen auf, damit nur alles ganz schön und sauber aussehen soll. Aber da gibt es ja noch einen Maulwurfshügel mitten in der Wiese, und der stört unser Trinchen. Sie denkt: Den muß ich gleich fortschaffen, sonst stolpern die Kinder drüber bei ihren Spielen!

Eifrig läuft Trinchen um eine Schaufel und einen Eimer. Der Zaubermeister Knisterbein, ihr kennt ihn ja, den Schlingel, hat alles beobachtet. Er schmunzelt vor sich hin, und seine Äuglein glitzern. Das ist immer ein Zeichen dafür, daß er sich einen Schabernack ausdenkt. Und richtig!

»Hokus-Pokus, schnurribus!«

Da stehen mindestens zehn Maulwürfe in ihren seidig glänzenden, dunklen Pelzen vor ihm. »Was wünschst du denn von uns, großer Meister?« fragen sie.

»Ach, meine lieben Grabepfötchen...«

»Ach, meine lieben Grabepfötchen, meine fleißigen Herrn Maulwürfe, könnt ihr euch nicht rasch an die Arbeit machen und die Wiese ein bißchen aufgraben? Ihr tut dem Trinchen Troll damit einen Gefallen, denn sie freut sich über jeden Hügel, den ihr aufwerft.«

»Aber gern, lieber Zaubermeister, herzlich gern!« schnaufen die Maulwürfe, und dann machen sie sich gleich an die Arbeit.

Mittlerweile ist Trinchen Troll mit der Schaufel und dem Eimer zurückgekommen und versucht den ersten Maulwurfshügel zu beseitigen. Doch kaum ist sie damit fertig, hebt sich ein neuer Hügel aus der Erde. Es ist wie verhext, wohin Trinchen auch schaut, überall sind neue Maulwurfshügel. Die Wiese sieht bald aus wie eine Berg-und-Tal-Bahn. Das gute Trinchen ist verzweifelt, es bricht in Tränen aus und schluchzt: »Was ist denn heute los mit den Maulwürfen? Warum graben sie denn meine schöne Festwiese um . . .?«

Wie da der schlimme Knisterbein kicherte, das könnt ihr euch denken. Zuerst mußte ich zwar auch lachen, aber dann tat mir das arme Trinchen Troll leid und ich beschloß, der Sache ein Ende zu machen. Alle Maulwürfe mußten sofort ihre Arbeit einstellen, ich erklärte ihnen, daß es sich nur um einen schlechten Scherz des Zaubermeisters handelte und bat sie, ihre Grabearbeit woanders weiterzuführen. Beleidigt zogen sie ab. Schließlich hatten sie sich so bemüht, dem Trinchen eine »Freude« zu machen!

Zum schlimmen Knisterbein aber sagte ich in ernstem Ton: »Jetzt ist es aber genug, Zaubermeister, mit deinen dummen Späßen! Siehst du nicht, wie sich das gute Trinchen kränkt? Es wollte doch die Festwiese ganz schön und ordentlich haben, und da kommst du mit deinen Maulwurfshügeln daher! Gleich machst du alles wieder gut! Der

Schaden muß ausgebessert werden, verstehst du?«
Der Zaubermeister nickte und schwang wiederum sein Zauberstäbchen: »Hokus-Pokus schnurribus«, und alles war wieder wie zuvor. Die Festwiese war glatt, ordentlich und grün, wie es sich das Trinchen gewünscht hatte. Keine Spur mehr von braunen Maulwurfshügeln. Trinchen trocknete die Tränen und lief mit einem »Was sollt' ich denn, was wollt' ich denn?« davon. Es gibt ja noch viel Arbeit bis zum Abend!
Also: Ihr kommt doch bestimmt? Auf Wiedersehen beim Maifest im Träumeland!

Warum der Drache Pimerlan weint

Ihr kennt doch Herrn Pimerlan, den Drachen? Die Hexe Lillebo mochte ihn nicht, weil er ihr zu gutmütig war und keinem Kind etwas Böses zufügen wollte. Seither lebte er bei uns im Träumeland. Er hat sogar mitgeholfen, mich aus der Gewalt des Zauberers Siebenohr zu befreien, aber das ist eine andere Geschichte. Ich sage nur soviel: Wenn damals der Drache Pimerlan nicht mitgeholfen hätte, säße ich noch heute in Siebenohrs Zauberschloß, und ihr hättet kein Sandmännchen, das euch jeden Abend zu sich ins Träumeland einlädt.

Der gute alte Pimerlan! Ich mag ihn sehr, und doch bereitet er mir einiges Kopfzerbrechen. Eigentlich ist das Trinchen Troll daran schuld, denn es hat eines Tages zu mir gesagt:

»Sandmännchen, glaubst du nicht, daß die Kinder im Träumeland Angst vor dem Pimerlan haben werden? Drache bleibt nun einmal Drache! Ich meine, er sieht doch recht gefährlich aus, und du sagst immer, daß Kinder im Träumeland nie Angst haben sollen.«

»Und warum, bitte, sollten sie vor dem guten Pimerlan Angst haben?« frage ich. »Wir wissen alle, daß er ein überaus freundlicher Geselle ist.«

»Aber er sieht doch so gefährlich aus, schau ihn dir nur genau an, ich habe mich am Anfang auch immer vor ihm gefürchtet«, sagte das Trinchen.

Natürlich habe ich mir daraufhin den Drachen Pimerlan ganz genau angesehen, und ich mußte zugeben, daß er wirklich nicht sehr schön aussieht mit seinem großen Drachenmaul, den vielen spitzen Zähnen darin, den Krallentatzen, den gelben Augen und der roten Feuerzunge. Daß er so ein gutes, weiches Herz unter dem harten Panzer hat, kann man ja wirklich nicht se-

136

hen. Leider! Man kann sich also schon vorstellen, daß einer, der zum ersten Mal zu uns ins Träumeland kommt, einen Mordsschrecken bekommt, wenn er den Herrn Pimerlan vor sich sieht.

Vielleicht hat Trinchen doch recht?

Wir denken nun beide nach, was da zu tun sei, aber mir will nichts Rechtes einfallen. Plötzlich schreit Trinchen auf: »Ich weiß etwas!«

»Was denn? So rede doch!« dränge ich. Und Trinchen sagt stolz: »Wir hängen dem Pimerlan einfach eine Tafel um den Hals mit der Aufschrift *›Beißt nicht‹*.«

»Wieso? Wer beißt nicht?« meldete sich da eine schläfrige Stimme von unten. Pimerlan, der faul im Gras unter einem Busch lag, kroch langsam auf uns zu. »Wer beißt nicht?« fragte er nochmals. Er war nämlich sehr neugierig.

»Du! Von dir reden wir«, sagte Trinchen Troll, »wir wollen dir eine Tafel umhängen, auf der steht, daß du nicht beißt.«

»Ich? Aber ich muß doch beißen! Wie soll ich denn sonst mein Essen kleinkriegen?« jammerte der Drache Pimerlan.

»Nein, nein, um dein Fressen geht es nicht, es geht um die Kinder«, versuchte das Trinchen zu erklären.

Aber da wurde der arme Pimerlan ganz aufgeregt. Er rief: »Die Kinder? Aber ich beiße doch keine Kinder! Habe noch nie ein Kind gebissen, oje, oje, was man mir da alles andichtet.« Und er schlug verzweifelt seine Vordertatzen vors Gesicht. Ich wußte, er war tief gekränkt. Kann man so einem zartfühlenden und gekränkten Drachen vielleicht einen Maulkorb umbinden oder ihn an die Leine nehmen? Das ist doch völlig unmöglich, nicht wahr?

Guter Rat war teuer, wir wußten keinen. Da versprach Pimerlan, selbst über dieses Problem nachzudenken,

Pimerlan weinte dicke Drachentränen.

und zog sich, dicke Drachentränen weinend, unter seinen Busch zurück. Ich kann euch gar nicht sagen, wie leid er mir tat, der arme Pimerlan, ich hatte ihn fest in mein Herz geschlossen, und wir alle wollen ihn doch so gerne im Träumeland behalten. Hoffentlich findet sich eine Lösung, ich werde sie euch dann gleich mitteilen. Aber vielleicht könnt ihr auch ein bißchen darüber nachdenken, was man da tun könnte, daß niemand vor dem braven Drachen Angst hat!

Bis zum nächsten Mal. Gute Nacht für heute!

Noch einmal:
der Drache Pimerlan

Wie geht nun die Sache mit dem Drachen Pimerlan weiter? Wie ihr wißt, hatte Trinchen Troll Sorge, ob das Aussehen des Drachens – Drachen sind nun einmal keine besonders hübschen Tiere – nicht die kleinen Besucher des Träumelands schrecken würde.

Nun ist unser Pimerlan ja der gutmütigste Drache der Welt, mit einem butterweichen Herzen, und es hat ihn daher sehr gekränkt, daß man sein großes Maul mit den Drachenzähnen, seine gelben Augen, die großen Tatzen und auch seine Feuerzunge so erschreckend findet. Er wollte kein Schild um den Hals tragen mit der Aufschrift »Beißt nicht«. Er wollte auch keinen Maulkorb tragen oder an die Leine genommen werden, wie der Zaubermeister Knisterbein vorschlug. Was sollte man da nur machen?

Der Zaubermeister hatte aber noch eine andere Idee. Er sagte: »Ich könnte – Hokus-Pokus – den Pimerlan kleiner werden lassen. Er könnte ganz klein wie ein Spielzeugdrache werden, was meint ihr dazu?«

Doch da begehrte Herr Pimerlan auf: »Nein, nein, ich will nicht kleiner werden. Man könnte mich dann mit einer Eidechse verwechseln, und das wäre mir peinlich!« Beleidigt kroch er davon.

Trinchen Troll, der Zaubermeister und ich, wir berieten noch eine Weile lang hin und her, kamen aber zu keinem brauchbaren Ergebnis. So verging der Tag, doch gegen Abend erschien unser Pimerlan wieder. Diesmal waren wir alle starr vor Staunen. Wie sah der Gute nur aus?

Schon von weitem winkte er uns freudig zu und rief: »Schaut mich an, schaut mich nur an! Wie sehe ich aus?«

Kinder, wie sah der Herr Pimerlan aus? Ihr erratet es nie! Auf dem schuppigen Drachenkopf saß ein nettes, gestricktes Häubchen, die Augen waren von einer großen, modischen Sonnenbrille verdeckt, an allen vier Tatzen trug er weiße Wollsöckchen, und um die Schwanzspitze hatte er eine rosa Seidenmasche gebunden. Könnt ihr euch diesen Anblick vorstellen? Wir fingen alle drei an zu lachen, wir konnten nicht anders.

Der Zaubermeister Knisterbein schlug sich auf die Schenkel und schrie: »Pimerlan, willst du vielleicht auf einen Maskenball gehen?«

Und das Trinchen Troll rief: »Pimerlan, du siehst ja aus wie der Wolf, die Großmutter und das Rotkäppchen zusammen!«

Ich sagte nur: »Was ist dir denn da eingefallen? Wozu soll das gut sein?«

Pimerlan hob kläglich die rechte Vordertatze mit dem weißen Wollsöckchen und knurrte: »Ich − ich wollte

doch nur ein wenig freundlicher aussehen. Damit die Kinder keine Angst
mehr vor mir haben!«
Trinchen Troll wischte sich die Lach-
tränen aus den Augen und gluckste:
»Weißt du, wie du so aussiehst? Wie
ein lächerliches Schreckgespenst!«
»Aber man sieht doch gar nicht mehr,
daß ich ein Drache bin, alles ist verdeckt, und vor Sonnenbrillen und
Wollsöckchen und Strickhäubchen
kann doch niemand Angst haben!« erklärte Herr Pimerlan.
Knisterbein aber stellte ungerührt fest:
»Mein Lieber, du siehst jetzt noch viel
gräßlicher aus, beinahe so wie die
Hexe Lillebo.«
Das war zuviel für den armen Drachen.
Er brach in Tränen aus und schluchzte
zum Steinerweichen. Wie die Hexe Lillebo wollte er auf keinen Fall aussehen.
Ich versuchte den armen Kerl zu trösten, doch es fiel mir nichts Gescheites
ein. Er tat mir ja so leid.

144

»Was ist dir denn da eingefallen?«

Da stapfte der Riese Bullebos daher. Er schleppte einen vollen Sack auf dem Rücken und warf ihn mir vor die Füße. »Hier ist die Post, Sandmännchen«, schnaufte er. »Es sind Briefe aus aller Welt. Habe ganz schön zu schleppen daran gehabt.«

»Du meine Güte«, schrie Trinchen Troll, »warum bekommen wir denn auf einmal so viele Briefe?«

»Lest nur, lest nur, ihr werdet schon sehen!« brummte Bullebos.

Und wir lasen. Zehn Briefe, hundert Briefe, dreihundert Briefe – und in allen stand dasselbe: »Bitte, laßt doch den Drachen Pimerlan im Träumeland, so wie er ist. Niemand fürchtet sich vor ihm, ganz bestimmt.«

So stand es da zu lesen. Von den Kindern, die den Pimerlan kannten und liebgewonnen hatten, waren die Briefe. Das war wirklich eine große Überraschung. Herr Pimerlan weinte Freudentränen, wischte sich mit den weißen Wollsöckchen an den Tatzen

die Augen und rief ein über das andere Mal: »Oh diese Kinder! Diese lieben guten Kinder! Sie mögen mich, ach, ist das schön!«
Er war sehr glücklich, unser Pimerlan, und ehrlich gesagt: Ich war es auch.

Lilli und der alte Nußbaum

Lilli kommt immer pünktlich zu uns ins Träumeland. Sie ist ein liebes, kleines Mädchen, und ich mag sie wirklich gern. Gestern hat sie mir ihr Herz ausgeschüttet und mir eine lange Geschichte erzählt. Und diese Geschichte der kleinen Lilli sollt ihr jetzt auch hören, und ich wette, sie wird euch gefallen!

Im Garten von Lillis Onkel steht ein hoher, alter Nußbaum. Darin wohnen Lillis Freunde: Ganz unten, bei den Wurzeln, die kleine Feldmaus, dann im ersten Baumstockwerk eine Spatzensippschaft, die Zwitscherlinge, nennt sie Lilli. Das ist eine vorlaute, kleine Gesellschaft, die sich oft untereinander streitet. Etwas höher im Baum wohnt Hansi Federbusch, das rotbraune Eichhörnchen, und tief im Astversteck, in einer kleinen Höhle schlafen die Siebenschläferkinder mit ihren Eltern. Die hört und sieht man um diese Jahreszeit gar nicht, so still sind sie. Dafür benehmen sich Wittchen und Wettchen, Herr und Frau Ringeltaube, gar nicht so friedlich und sanft. Sie sitzen meist neben ihrem unordentlichen Nest auf dem Ast und streiten miteinander. Ganz oben, in der Baumkrone, hat Frau Annabella Amsel ihren Stammplatz. Dort hat sie den ganzen Sommer lang ihre Morgen- und Abend- und Regenlieder gesungen.

Eines Tages hörte nun Lilli den Onkel sagen: »Der alte Nußbaum muß gefällt werden, er nimmt uns zuviel Sonne weg. Ich will ein Rosenbeet dort anlegen.«

Lilli war sehr erschrocken. Wenn der Nußbaum umgeschnitten wird, verlieren ja alle ihre kleinen Freunde die Wohnstätten, sie werden obdachlos. Gar nicht auszudenken wäre das!

So liegt Lilli am Abend im Bett und

kann nicht einschlafen vor lauter Sorge. Schließlich ändert sie ihr Abendgebet und sagt: »Bitte lieber Gott, laß mir etwas einfallen, damit der Nußbaum stehenbleiben kann! Sie wären doch alle so traurig, die kleine Feldmaus, Hansi Federbusch, die Zwitscherlinge, Annabella Amsel, die Ringeltauben und die armen kleinen Siebenschläfer! Sie brauchen doch ihren Baum.«

Wirklich, am nächsten Morgen hatte Lilli einen Plan. Bevor sie zur Schule ging, hat sie auf ein großes, weißes Papier mit Blockbuchstaben geschrieben: »Bitte um Hilfe! Wir wollen weiter im Baum wohnen. Wir brauchen unseren Baum!« Und darunter hat sie alle Namen angeführt, von der kleinen Mausimaus bis hinauf zur Annabella Amsel. Dieses Plakat heftete Lilli an den Stamm des Nußbaumes und ging dann in die Schule. Es war eine kleine Hoffnung, aber die soll man ja bekanntlich nie aufgeben.

Als Lilli mittags nach Hause kam, lief sie gleich zu ihrem Baum in den Garten. Das Plakat hing noch dort. Doch es stand darunter etwas – mit Bleistift geschrieben – vom Onkel. Lilli entzifferte aufgeregt: Baum bleibt stehen. So viele Obdachlose kann ich nicht verantworten. Und darunter war die Unterschrift des Onkels.

Jubelnd rannte Lilli ins Haus. Sie war so glücklich, daß sie alle umarmen mußte, die ihr in den Weg kamen. Dem Onkel aber fiel sie stürmisch um den Hals. »Danke Onkel! Danke!« rief sie. Der Onkel schmunzelte. Lilli nahm sich vor, ihm eine schöne, bunte Zeichnung von dem alten Nußbaum zu machen, auf der alle ihre kleinen Freunde abgebildet waren.

Dann lief sie hinaus, stellte sich unter den Baum und rief ganz laut hinauf: »Es ist alles in Ordnung! Macht euch keine Sorgen, ihr dürft hier wohnen bleiben.« Ob sie es verstanden hatten, ihre kleinen Freunde? Nur die kecken

Zwitscherlinge riefen ihr daraufhin »tschip, tschip« zu, und das sollte vielleicht »danke« heißen – auf spätzisch natürlich!

Vom armen Momo,
der nicht träumen konnte

Ja, meine Lieben, der Sandmann kümmert sich um alle Kinder auf der Welt, und so einen armen, schwarzen, kleinen Jungen habe ich wirklich gekannt. Ich will euch seine Geschichte erzählen.

In einem Dorf in Afrika lebte Momo mit seinen Eltern und sieben Geschwistern. Einmal gab es großes Aufsehen unter den Dorfbewohnern: Eine Reisegesellschaft war angekommen und hielt Rast in dem Dorf. Ein blondes Mädchen, es hieß Lena, war auch dabei. Momo schloß mit der lustigen Lena gleich Freundschaft, und er hörte erstaunt zu, wenn sie von den großen Städten, den Schiffen und Flugzeugen erzählte. Auch hohe Berge mit Schneehäuptern konnte er sich gar nicht vorstellen. Dafür fragte Lena wiederum ängstlich: »Was ist das?« wenn die Hyänen und andere Tiere im Busch schrien.

Lena kam aus einer Stadt, in der es einen großen Vergnügungspark gab, mit Ringelspielen, Grottenbahnen, Schaukeln und Kasperltheater. Davon konnte Momo nicht genug hören, er stellte sich das alles ganz wundervoll vor. Er seufzte ganz tief und sagte: »Oh, Momo so gerne einmal Lingelspiel schauen und Kaschpel und Glottenbahn! Aber gibt es nicht im Busch, wie schade!«

Lena lachte: »Momo, vielleicht kannst du von den lustigen Dingen träumen, im Traum kann man ja überall hinkommen!«

Da machte der kleine, schwarze Momo traurige Augen und sagte: »Momo nie lustig träumen. Nur manchmal im Schlaf sehen großes Krokodil, das Momo fressen will, und sehen böse Schlange unter Baum. Momo immer nur Angst haben, wenn schläft.«

Der traurige Momo tat Lena leid, sie erzählte ihm noch viele lustige Dinge und hoffte, daß ihr schwarzer Freund doch einmal davon träumen konnte. Doch am Morgen, als sie ihn danach fragte, schüttelte er nur den Kopf und sagte: »Momo nur ein ganz klein wenig schön geträumt von lustiger Schiffsschaukel, aber gleich Krokodil gekommen, hups auf Schaukel gesprungen und Momo wieder große Angst gehabt!«

Am nächsten Abend erzählte Lilli eine noch lustigere Geschichte, doch Momo sagte am Morgen danach: »Momo geträumt von schöne Eisenbahn und große Stadt mit lauter Lichter, aber dann gleich wieder böse Kobra gekommen, hinter Momo her. Momo laufen ganz, ganz schnell, fallen auf Nase, schreien, viel Angst haben!« Traurig setzte er noch hinzu: »Momo können nie lustig träumen, noch nie.«

Das hat der blonden Lena, die ja bald

darauf wieder abreisen mußte, so leid getan, daß sie sich an mich, das Sandmännchen, gewendet hat. »Bitte, liebes Sandmännchen, kannst du nicht meinem Freund Momo helfen? Es muß so schrecklich sein, wenn man sich im Traum immer nur fürchtet.«

Natürlich wollte ich da helfen, dazu bin ich ja da. So packte ich mich schnell zusammen, befahl dem Trinchen Troll, dem Zaubermeister Knisterbein und dem Riesen Bullebos, das Träumeland gut zu bewachen, und flog nach Afrika.

In der nächsten Nacht schon habe ich alle bösen Traumkrokodile und Schlangen und Hyänen, und was sonst noch den armen kleinen Momo geängstigt hat, verjagt. Ich versichere euch, von nun an wird Momo ruhig schlafen können, ich habe ihm auch den Weg ins Träumeland gezeigt, denn das ist ja für alle Kinder offen, für die weißen, die braunen, die gelben und die schwarzen. Unser kleiner schwarzer

Freund wird jetzt auch von schönen und lustigen Dingen träumen, dafür will ich schon sorgen. Und daß Lena ihren Momo im Träumeland begegnet, auch!

Das Zaubergärtlein

Heute will ich euch von einem richtigen Zaubergärtlein erzählen. Aber es hat nichts mit unserem Zaubermeister Knisterbein zu tun, nein, es ist ein ganz eigenes Gärtchen, das einer alten Frau gehört. Es ist winzig klein; außer einer Holzhütte, die selten benutzt wird, steht nur ein alter Birnbaum und ein kleiner Zwetschkenbaum darin. Beide haben reichlich Früchte getragen, auch jetzt im Spätherbst hängen noch ein paar gelbe Birnen in dem Geäst. Daran werden die Vögel ihre Freude haben.

In dem kleinen Garten gedeiht alles in Hülle und Fülle, aber ganz kunterbunt durcheinander. Da stehen drei Kohlköpfe neben einem Stachelbeerstrauch, dort wächst ein Büschel Schnittlauch neben bunten Astern, und über die hellen Stauden der Silbertaler ragen stolze Mohnköpfe. Auch blühen noch späte gelbe Blumen am Zaun.

Die alte Frau, der das alles gehört, sehe ich nur ganz selten in ihrem Garten. Da frage ich mich: Wer pflegt das alles, wer arbeitet denn da?

Zufällig kam ich gestern gegen Abend dort vorbei. Da sah ich endlich einmal die alte Frau. In ihren schwarzen Kleidern sah sie aus wie eine traurige Krähe. Auch ihre Stimme war so ähnlich, heiser, etwas krächzend. Mit wem sie sich wohl unterhielt? Ich horchte ein wenig, und da hörte ich, wie auf ihre Frage eine zarte, dünne Stimme sagte: »Ja, ja, gnädige Frau, es soll alles so geschehen, wie Sie es anschaffen!« Darauf murmelte die Alte etwas und hinkte davon. Ich sah mich neugierig nach dem Wesen mit der feinen Stimme um, konnte aber in dem Gärtchen niemand erblicken. Es lag nur die gewohnte Stille wie ein Geheimnis über ihm.

Allerdings bemerkte ich dann doch eine kleine Figur aus grauem Stein, die im Sommer vom Grün der Blätter verborgen gewesen war. Es war so eine Art uralter Gartenzwerg, denn man konnte noch einen Rest der Zipfelmütze entdecken. Und er trug einen langen, wallenden Bart.

Dieser kleine Mann stand auf einem niederen Sockel und blickte starr vor sich hin. Und doch schien es mir, als hätte er plötzlich sein Gesicht verzogen und mir zugezwinkert.

Sandmännchen, Sandmännchen, mir scheint, jetzt bist du es, der träumt!, habe ich zu mir selbst gesagt. Aber ich blieb am Zaun stehen und rief: »Hallo, Kamerad, bist du am Ende der, der sich hier um alles kümmert? Bist du so eine Art von steinernem Heinzelmännchen?«

Das hättet ihr sehen sollen, wie seine Augen anfingen zu glitzern. Die kleine Figur wurde lebendig. Sie legte den Finger der winzigen Hand auf die Lip-

Die kleine Figur wurde lebendig.

pen. Ich verstand, was der Kleine damit sagen wollte.

»Gut, gut, geht in Ordnung. Ich werde dich nicht verraten! Würdest wohl sonst Ärger bekommen mit deiner alten Dame, wie?«

Er nickte und winkte mir zu. Inzwischen war es so dunkel im Gärtchen geworden, daß ich nichts mehr sah, und ich hatte es ja auch schon eilig, wieder ins Träumeland zu kommen. Wer weiß, was der Zaubermeister Knisterbein wieder angestellt hatte? So konnte ich mich also nicht weiter mit dem steinernen Zwerg unterhalten. Ich beschloß, ihn bald wieder aufzusuchen. Jedenfalls hatte ich nun erfahren, daß die alte Frau einen tüchtigen, kleinen Helfer hatte. Das freute mich. Wie sie zu ihm gekommen ist, dürfte aber ihr Geheimnis sein. Doch man soll nicht jedes Geheimnis ergründen wollen, sonst gäbe es bald keine Geheimnisse mehr auf der Welt, und das wäre doch schade, nicht wahr?

Von Husch, Wusch und Gokelgak

Zwei muntere kleine Mäuschen, Husch und Wusch, sind bei uns im Träumeland eingezogen. Sie haben eine lustige Geschichte mitgebracht, und die sollt ihr heute abend hören.

Husch und Wusch lebten zusammen mit dem bunten Hahn Gokelgak in einem Bauernhaus. Gokelgak war ein strenger und fleißiger Herr. Immer war er in der Früh als erster auf den Beinen und verrichtete die meiste Arbeit, während Husch und Wusch, die Mäuschen, am liebsten tanzten und spielten. Sie kümmerten sich nicht viel um die Hauswirtschaft.

Eines Tages rief der Hahn ganz aufgeregt: »Seht doch, Husch und Wusch, was ich gefunden habe!« Stolz hielt er eine große, dicke Weizenähre im Schnabel.

»Fein, fein«, jauchzten die Mäuschen und meinten, die Körner müßten sogleich aus der Ähre gedroschen werden.

»Wer soll das machen?« fragte Gokelgak.

»Ich nicht«, rief Husch.

»Ich auch nicht«, rief Wusch. Und weg waren sie alle beide.

So mußte also Gokelgak die Ähre dreschen und die Körnlein einsammeln. Als der Hahn mit der Arbeit fertig war, rief er wieder die Mäuslein herbei: »Husch und Wusch, schaut nur, wie viele Körner ich ausgedroschen habe!«

»Jetzt muß man sie zur Mühle bringen, damit sie gemahlen werden«, meinte Husch.

»Ja, zur Mühle«, piepste auch Wusch.

»Gut, dann bringt sie hin«, sagte Gokelgak, der Hahn.

»Ich? Warum denn gerade ich?« sagte Husch.

»Ich habe jetzt keine Zeit«, sagte Wusch.

Und beide fingen an zu tanzen und zu springen und vergnügten sich miteinander. Es waren eben zwei kleine, unnütze, ganz verspielte Mäuschen.

Gokelgak seufzte und sagte dann gutmütig: »Nun gut, dann muß ich eben die Körner zur Mühle tragen.«

Er wanderte zur Mühle, wartete dort, bis die Körner gemahlen waren, und brachte dann das weiße Mehl, das man aus ihnen gewonnen hatte, zurück in das Haus.

»Schaut, ihr Mäuschen, was wir jetzt für ein schönes, weißes Mehl haben.«

Husch und Wusch stürzten herbei. Sie bewunderten das feine Mehl und lobten den Hahn.

»Jetzt brauchen wir nur noch einen Teig zu kneten und einen Kuchen daraus zu machen!« freute sich Husch.

»Ja, einen feinen Kuchen!« rief auch Wusch.

Der Hahn aber sagte: »Da bin ich einverstanden, aber wer knetet den Teig?«

Die Mäuschen sahen einander an, dann zuckte Husch mit den Achseln und rief: »Aber doch nicht etwa *ich?*« Und Wusch rief ebenfalls: »Oder *ich* vielleicht? Das kann ich nicht.«

Da stand nun der arme Gokelgak, wiegte den Federkopf und sagte: »Da bleibt doch wieder nichts anderes übrig, und ich muß alles allein machen!«

So war es auch, er hatte die ganze Arbeit, die Mäuschen aber kümmerten sich gar nicht darum und gingen nur ihrem Vergnügen nach.

Der Kuchen war gebacken und stand, weiß bezuckert, auf dem Tisch. Es roch wunderbar. Gleich waren Husch und Wusch zur Stelle. Sie schnupperten, daß ihre kleinen Nasen zitterten, und schleckten sich über die Schnäuzlein. Doch der Hahn wies sie zurück und sagte:

»Geduld, meine Lieben! Zuerst habe ich ein paar Fragen an euch. Wer war es, der die Ähre gefunden hat?«

Gleich waren Husch und Wusch zur Stelle.

»Du, Gokelgak«, riefen die Mäuschen. »Wer hat die Ähre gedroschen?«

»Du, Gokelgak.«

»Und wer hat die Körner zur Mühle gebracht? Den Teig geknetet und den Kuchen gebacken?«

»Du!« flüsterten die Mäuschen sehr kleinlaut.

»Und wer wird den Kuchen jetzt ganz allein aufessen?« fragte der Hahn weiter.

Darauf kam keine Antwort mehr, Husch und Wusch ließen die Köpfchen hängen. Sie mußten zugeben, Gokelgak war im Recht.

Der Hahn ließ sich den Kuchen gut schmecken, und weil er ein großmütiger Herr war, ließ er für die beiden Mäuschen wenigstens ein paar dicke Krümel zurück.

Wenn der Kasperl mit dem linken Fuß aufsteht

Auch der Kasperl ist gelegentlich bei uns im Träumeland zu Besuch. Er bringt seine Gretel, den König, den Hofzauberer und die Frau Hexe mit. Alle Kinder freuen sich darüber, weil es dann so lustig zugeht. Aber diesmal war es ganz anders: Der Kasperl war kein lustiger Kasperl, sondern ein mißvergnügter, brummiger.

Und darüber haben sich natürlich alle gewundert.

»Was hat er denn heute, der Schlingel?« hat das ganze Puppentheater gefragt.

Nur die Gretel hat gelacht: »Ach, der ist heute mit dem linken Fuß aufgestanden, ihr wißt ja, das ist gefährlich für seine gute Laune!«

»Am Ende wird er krank?« rief der dicke König besorgt.

»Hooo, wir sollten ihn aufheitern mit kleinen Späßchen«, brummte der struppige Riese.

»Soll ich ihm etwas vortanzen?« fragte die Fee Rosalinde.

Aber der Kasperl schniefte nur verächtlich und murmelte: »Papperlapapp, laßt mich in Ruhe!«

Der junge Prinz hatte schon seinen zierlichen Degen gezogen und forderte ihn zum Wettkampf heraus. Er meinte, daß so etwas die Lebensgeister des Kasperls wecken könnte.

»Das hat mir gerade noch gefehlt«, sagte der Kasperl und hockte sich verdrießlich in eine Ecke.

»Er ist bestimmt krank, wir müssen um den Doktor schicken«, bestimmte der dicke König.

Doch der Hofzauberer Spindifax säuselte: »Er braucht keinen Doktor, wenn ich die Sache in die Hand nehme. Ich kuriere ihn mit einem Zaubersprüchlein!«

Und er schlurfte davon, um in seinem

Der Kasperl hockte sich in eine Ecke.

großen Zauberbuch das richtige Sprüchlein auszusuchen.

Gerade aber kam die Hexe herbeigeschlichen, die natürlich schon wieder alles wußte, denn sie war eine, die das Gras wachsen hört.

»Hihihi, Kasperl«, kicherte sie, »wenn du wirklich mit dem linken Fuß aufgestanden bist, dann weiß ich dir einen Rat: Leg dich geschwind wieder ins Bett und springe mit dem rechten Fuß heraus!«

Dieser Rat kam dem Kasperl gar nicht so dumm vor. Ihm war ja seine schlechte Laune selber schon zuwider. Er wollte das mit dem rechten Fuß also einmal probieren. So schlüpfte er wieder in sein Bett und sprang kurz darauf mit einem großen Satz heraus. Dabei achtete er darauf, daß er mit dem *rechten* Fuß zuerst den Boden berührte. Als er mitten im Schwung war, kam gerade der alte Hofzauberer zur Tür herein. Die beiden prallten gegeneinander.

Rrrrums, da saß der Herr Hofzauberer auf seinen vier Buchstaben, und der Kasperl kollerte mit einem Purzelbaum durch die Stube. Weil er ein gelenkiger, kleiner Kerl war, sprang er sofort wieder auf die Beine und grinste von einem Ohr zum anderen. Der Hofzauberer aber schnitt ein Gesicht wie der Kater, wenn es blitzt, und blieb ganz verdattert sitzen. Bei seinem Anblick mußten alle, die ihn sahen, lachen. Auch der Kasperl, es ging einfach nicht anders.

»Unser Kasperl ist wieder fröhlich! Er ist wieder geheilt, ihm fehlt gar nichts!« rief die Gretel, und die Hexe kicherte vor sich hin.

Jetzt erst fand der Hofzauberer seine Sprache wieder, er stotterte: »A-a-aber, ich habe ja noch nicht mein Zaubersprüchlein angewendet, bin noch nicht dazugekommen!«

»Hebe es dir gut auf, heute brauche ich es nicht mehr«, rief der Kasperl quietschvergnügt. »Von nun an stehe

ich nur noch mit dem rechten Fuß auf,
juche!«
Und daran hat er sich dann auch gehalten, zur Freude aller Kinder.

Die Geschichte von Kolki, dem schlauen Raben

Als Sandmännchen fliege ich über die ganze Erde, das wißt ihr ja. Dabei bekomme ich Verschiedenes zu sehen, und mache so meine Beobachtungen. Auf diese Weise lernte ich Kolki, den Raben, kennen. Ich traute meinen Augen nicht: Dieser kleine, glänzend schwarze Rabenbraten stand auf dem Rücken eines mittelgroßen, braunen Mischlingshundes, der ihn stolz spazierentrug.

Gleich mußte ich an die Bremer Stadtmusikanten denken, doch die Sache war etwas anders. Ich will sie euch erzählen:

Zu einem Tierarzt-Ehepaar brachten die Leute der Umgebung immer wieder kranke und verletzte Tiere. Sie wußten, hier fanden diese Ärmsten Hilfe und Unterkunft.

Eines Tages fanden Schulkinder einen neuen Patienten. Es war ein junger, schwarzer Kolkrabe. Er sah jämmerlich aus, ein Flügel war gebrochen, das Gefieder arg zerzaust, und er hatte auch eine Wunde am Kopf.

»Wer hat dich denn so zugerichtet, armer kleiner Kerl?« sagte die junge Frau Doktor und begann sogleich den Vogel zu versorgen. Die Wunde wurde gesäubert, mit Salbe bestrichen, der Flügel ruhiggestellt, und dann gab es einen Napf voll Futter.

Kolki, so nannten die Doktorsleute den Neuen, wurde ein munterer Hausgenosse. Kaum hatte er sich ein wenig erholt, hüpfte er auch schon neugierig im Haus herum und trieb allerlei Unfug. Er zupfte mit dem Schnabel an Vorhängen, Decken und Pölstern, schaute in alle Töpfe und Schüsseln und benahm sich bald, als wäre er der Boß.

Die anderen Tiere, die es im Hause gab, die Meerschweinchen, Katzen,

Kaninchen und Schildkröten, behandelte er sehr von oben herab. Liefen sie ihm über den Weg, krächzte er sie laut an, und das klang wie »Weg da, ihr Burschen, jetzt komme ich!«

Als die Frau Doktor das einmal hörte, mußte sie lachen.

»Unser Kolki benimmt sich aber sehr hochmütig«, sagte sie.

Da hüpfte Kolki ihr auf die Schulter und knabberte liebevoll an ihrem Ohrläppchen. Überhaupt ließ er sich gerne herumtragen. Selber fliegen war ihm wegen seines verletzten Flügels noch zu mühsam. Auch später, als er schon ganz geheilt war, behielt er diese Angewohnheit bei. Darüber wunderten sich die Doktorsleute. Kopfschüttelnd sagte die Frau Doktor zu ihrem Mann: »Er könnte doch schon fliegen, der Flügel ist gut verheilt. Warum tut er es denn nicht?«

Der Doktor lachte: »Vielleicht findet er es so eben bequemer, unser schlauer, kleiner Rabe!«

Aber die Frau Doktor hatte etwas anderes zu tun, als ständig einen faulen Raben auf der Schulter herumzutragen. Energisch packte sie ihn, setzte ihn auf die Lehne eines Gartenstuhls und sagte: »Sei nicht so bequem, Kolki, geh gefälligst selber spazieren!«

Doch das war nicht nach Kolkis Geschmack. So sah er sich nach einem anderen Opfer um. Und da kam gerade Senta, die braune Mischlingshündin vorbei. Sie wollte schon einen Bogen um den eigenwilligen Vogel machen, denn sie fürchtete sein lautes Gekrächze und wohl auch seinen scharfen Schnabel. Doch diesmal flötete Kolki in den sanftesten Tönen, so daß Senta ganz verwundert stehenblieb. Schwups, schon saß Kolki auf ihrem Rücken und hielt sich mit seinen Krallenfüßen in ihrem Fell fest.

Zuerst erschrak die brave Senta sehr, doch von dem freundlichen Krächzen des schlauen Vogels überredet, duldete sie ihn auf ihrem Rücken. Sie trug

ihn durch den Garten spazieren, und ich glaube, sie war noch stolz auf diese ungewöhnliche Aufgabe.
Seither sind Senta und Kolki unzertrennlich – ein ungewöhnliches Paar!

Einen Waugel fangen

Mein Freund Peter kam ins Träumeland und sagte: »Bitte Sandmännchen,
lasse mich ein Abenteuer erleben! Ich
möchte ein wildes Tier fangen, auf
eine Safari gehen oder sonst etwas Tol-
les machen!«

»Aha«, sagte ich, »wenn das so ist,
dann rate ich dir, Jagd auf einen Waugel zu machen.«

»Einen Waugel? Was ist denn das?«
fragte der Peter mit großen Augen.

»Denk einmal nach, gewiß fällt es dir
dann ein«, meinte ich. Darüber, über
dem Nachdenken, ist der Peter eingeschlafen.

Die Geschichte mit dem Waugel wollte
ihm auch am nächsten Tag nicht aus
dem Kopf. Überall hat er gefragt, wie
denn so ein Waugel ausschaut, aber
niemand konnte ihm darüber Auskunft geben.

Sehr nachdenklich kam er am Abend zu uns ins Träumeland.

»Jetzt muß ich endlich über den Waugel Bescheid wissen«, rief er.

Gerade kam Trinchen Troll daher mit ihrem eiligen »Was sollt' ich denn, was wollt' ich denn?«

Peter stellte sich Trinchen mitten in den Weg und fragte: »Wie sieht ein Waugel aus?«

»Ein Waugel? Ach das ist ein komisches Tier, nicht zu groß und nicht zu klein, es ist flink und gefährlich«, rief Trinchen Troll und husch war sie davon.

Peter überlegte, er wollte noch mehr über den Waugel wissen, da kam ihm der Riese Bullebos gerade recht. Auch den fragte er nach dem Waugel.

Der Riese schnaufte: »Ein – ein Waugel? Ja, also ich glaube, das ist ein sehr seltenes Tier. Es ist so selten, daß niemand weiß, wie es genau aussieht. Und ich weiß es schon gar nicht, denn ich bin zwar so groß wie eine Tanne, so breit wie eine Eiche, aber leider nur halb so klug wie ein Birnbaum, hat meine Großmutter immer gesagt.«

Damit stapfte Bullebos davon. Blieb für Peter nur mehr der Zaubermeister Knisterbein, den er als nächsten im Träumeland traf.

»Zaubermeister, ich möchte einen Waugel fangen«, sagte der Peter, »aber leider weiß ich nicht, wie ein Waugel aussieht, kannst du mir darüber Bescheid sagen?«

»Natürlich kann ich das«, sagte der Knisterbein.

»Jeden Wunsch, ob groß ob klein, erledigt Meister Knisterbein!«

Ihr kennt ihn ja, den Großsprecher!

»Wie mache ich das also, wenn ich einen Waugel fangen will?« bohrte der Peter.

»Hör mir gut zu!« Der Zaubermeister lud den Jungen ein, bei ihm Platz zu nehmen und fing dann an, geheimnisvoll zu murmeln:

»Willst du einen Waugel fangen,

mußt du einen Strick dir langen.
Mußt du einen Sack beschaffen,
denn die Waugel sind wie Affen,
die viel springen und viel laufen,
ohne einmal zu verschnaufen.
Ach, ein Waugel ist blitzschnell,
er ist fort, eh' du zur Stell',
er macht einen Purzelbaum
neben dir, du merkst es kaum.
Er dreht dir eine lange Nas'
und lacht dich aus, nur so zum
Spaß!
Ja, Waugelfangen, das ist schwer,
es bleibt der Sack dir immer leer.
Was soll der Strick, wen willst du
binden?
Du mußt erst einen Waugel finden!
Wer weiß denn schon, wo sie
daheim?
Es könnt' ja auch am Südpol sein,
am Naga-Nuga, auf dem Mond –
wo so ein Waugel eben wohnt!
Er knabbert dort, vielleicht recht
froh,
am Mondeis und vergnügt sich so,

indessen du voll großer List
woanders hingeschlichen bist.
Willst Held sein, Jäger, starker
Mann,
der alles fängt und alles kann?
Doch eben das gelingt dir nur,
find'st du vom Waugel eine Spur.
Man weiß von ihm ja leider kaum,
ob es ihn gibt, ob nur ein Traum!
Das wird man wohl erst dann
ergründen,
wenn es gelingt, ihn mal zu finden.
Bis dahin, Peter, mußt du warten
mit Strick und Sack – vielleicht im
Garten!«
Glaubt ihr, daß der Peter jetzt klüger
geworden ist? Ich glaube es nicht, aber
er hat jedenfalls viel zum Nachdenken
und zum Überlegen. Und das ist immer gut.

Die Überraschung

Wieder einmal hat sich unser guter alter Zaubermeister Knisterbein einen Schabernack geleistet. Ihr wißt ja, das ist so seine Spezialität, und davon kann man ihn auch nicht abbringen. Diesmal hat es den Reinhard und die Waltraud erwischt. Das ist ein nettes Geschwisterpaar, das immer pünktlich zu uns ins Träumeland kommt. Nun wollte ich den beiden einmal eine besondere Freude bereiten und ihnen einen Überraschungstraum schenken. Das heißt: zwei Überraschungsträume, für die Waltraud einen und für den Reinhard einen anderen.

Zuerst habe ich natürlich darüber nachgedacht, was die Lieblingsbeschäftigung der Geschwister ist. Mit dem, was sie am liebsten tun, sollte der Traum zusammenhängen.

Vom Reinhard weiß ich, daß er ein begeisterter Bastler ist. Er hat sehr geschickte Hände und kann mit Holz, Papier, Karton, aber auch mit Plastilin oder Ton wunderbar arbeiten. Leider hat er dazu wenig Platz, das Kinderzimmer ist zu klein, und er hat auch nicht genügend Werkzeug und Arbeitsmaterial. So kann er eigentlich nie das machen, was er machen möchte.

Ich rufe also meine Gehilfin Trinchen Troll herbei und sage: »Trinchen, ich brauche eine Traum-Bastelstube mit allem, was dazugehört, für den Reinhard. Es soll eine Überraschung für den Jungen sein. Eine ganze Nacht lang soll er darin ungestört basteln und werken können.«

»Das ist eine gute Idee, Sandmännchen«, freut sich das Trinchen Troll, »ja, ja, was sollt' ich denn, was wollt' ich denn? Gleich eine Bastelstube einrichten!« Bevor das Trinchen aber davonschusselt, halte ich es noch zurück: »Warte, ich brauche aber auch eine

Überraschung für seine Schwester, die Waltraud, nur weiß ich noch nicht, was?«

Das Trinchen runzelt die Stirn. Welche Überraschung soll man denn der kleinen Waltraud bereiten? Da fällt mir zum Glück ein, daß ich die Mutter der Kinder einmal sagen hörte: »Die Lieblingsbeschäftigung unserer Waltraud ist Essen!« Dazu hat die Waltraud heftig genickt, mit der Hand ihren Magen gerieben und »hmmmm« geseufzt. Dann muß es ja stimmen, habe ich gedacht.

Das erzählte ich Trinchen Troll, und auch sie rief gleich: »Ja, was sollt' ich denn, was wollt' ich denn? Für die Waltraud einen Tisch mit lauter guten Sachen richten!« Fort war sie.

Beruhigt konnte ich mich wieder anderen Dingen zuwenden. Trinchen würde schon dafür sorgen, daß alles am Abend vorbereitet war!

Leider hatte ich nicht mit dem Zaubermeister Knisterbein gerechnet. Der hatte nämlich ganz in der Nähe alles mit angehört und hat sich seine eigenen Gedanken darüber gemacht. Ihr wißt ja:

Jeden Spaß für groß und klein, zaubert Meister Knisterbein!

Am Abend, nachdem Waltraud und Reinhard eingeschlafen sind, empfange ich sie im Träumeland und sage: »Heute gibt es eine Überraschung für euch beide.« Die Kinder machen große Augen. Überraschungen im Träumeland sind natürlich besondere Überraschungen.

Trinchen führt jedes der Kinder in einen eigenen Raum und sagt: »So, und hier darfst du jetzt alles tun, was du magst!«

Aber der schlimme Zauberer hat doch richtig den Bastelraum mit dem Raum vertauscht, in dem der reichgedeckte Tisch mit den guten Sachen steht. So befindet sich jetzt die Waltraud zwischen Sägen, Feilen und Leimtöpfen und vor einem langen Basteltisch, mit

Da steckt doch der Knisterbein dahinter!

dem sie gar nichts anzufangen weiß. Der Reinhard wiederum aber steht vor einer gedeckten Tafel mit Gugelhupf und Torten und Cremeschnitten und Vanillekipferln und denkt: Was? Das soll ich alles aufessen? Da wird mir ja schlecht!

Da steckt Zaubermeister Knisterbein seinen Kopf zur Tür herein. Er kichert vor sich hin und ruft ganz scheinheilig dem Trinchen zu: »Aber Trinchen, was hast du denn da wieder angerichtet? Das ist ja eine schöne Überraschung! Führst den Jungen in dein Konditorzimmer und das Schleckermäulchen, das Mädel, in die Bastelstube. Ja, was soll denn das?«

Trinchen Troll schusselt herbei. »Ich bin nicht schuld an der Verwechslung, ich nicht!« schreit sie empört, »da hat jemand anderer seine unnützen Hände im Spiel gehabt!« Trinchen Troll ist nur schwer zu beruhigen, und auf den Zaubermeister, der sich wieder einmal einen Schabernack geleistet hat, ist sie bitterböse. Ich, das Sandmännchen, habe Mühe, die beiden wieder zu versöhnen.

Das Geschwisterpaar aber, der Reinhard und die Waltraud, haben ihren Überraschungstraum noch sehr genossen. Der Junge hat in seinem Arbeitszimmer tolle Dinge gebastelt, und das Mädel hat an der Festtafel alle Schlekkereien gekostet, die das Trinchen vorbereitet hatte. Beide waren sehr zufrieden. Und letzten Endes war ich es auch!

Der Zauberer Ho-Po

Unser Zaubermeister Knisterbein hat einen Vetter, das ist der Zauberer Ho-Po. Ihr müßt aber nicht glauben, daß dieser Ho-Po ein Chinese ist, des Namens wegen, nein, die zwei Silben sind nur die Abkürzung von »Hokus-Pokus«. Diese Zauberformel verwendet der Knisterbein-Vetter am liebsten, deshalb nennt er sich auch so.

Ich habe Ho-Po kennengelernt, er ist ein eingebildeter Tropf und hält sich für den größten Zauberer der Welt. Aber das ist reichlich übertrieben. Knisterbein findet das auch.

Jetzt hört einmal, was sich dieser Zauberer Ho-Po geleistet hat:

Um zu zeigen, daß er ein besonderer Zauberer ist, hat er sich also an eine Straßenecke in der Stadt gestellt und hat Feuer aus seinem Mund geblasen. Doch die Leute sind nicht einmal stehengeblieben, sie hatten es alle eilig. Nur ein paar haben zu ihm hingeschaut und gesagt: »Ach, ein Feuerschlucker!«

Das hat den Zauberer Ho-Po mächtig geärgert. Er hat den Leuten nachgerufen: »Blödsinn, ich bin kein Feuerschlucker, ich speie Feuer wie ein Drache, das kann sonst niemand!«

Dabei hat er sich aber verschluckt, er hat Rauch in die Nase bekommen und hat schrecklich husten müssen.

Eine alte Dame, die vorbeiging, schüttelte bedauernd den Kopf und sagte: »Guter Mann, Sie gehören ins Bett! Sie sind ja furchtbar verkühlt. Nehmen Sie zwei Aspirin und trinken Sie heiße Zitronenlimonade!«

Verärgert stapfte der Zauberer Ho-Po davon. Er setzte sich auf eine Bank im Park und dachte darüber nach, was er noch Tolleres zaubern könnte, um zu beweisen, daß er der größte Zauberer der Welt war. Nun kam ihm seltsamerweise im Park eine Giraffe entgegen.

Sie war aus dem nahen Tiergarten ausgerissen und pflückte vergnügt das
Laub von den Bäumen. Als sie Ho-Po
in seinem weiten, bunten Zaubermant-
tel mit dem spitzen Zauberhut auf dem
Kopf vor sich sah, blieb sie erstaunt
stehen.

»Wer bist denn du? Bist du vielleicht
auch irgendwo ausgerissen?« fragte
sie.

»Ich bin nicht ausgerissen, ich bin der
größte Zauberer der Welt«, sagte
Ho-Po verdrießlich.

Die Giraffe schüttelte verwundert den
Kopf. »Wie kannst du der *Größte* sein?
Du reichst mir ja nur knapp bis zum
Knie!«

Das ärgerte Ho-Po noch mehr. Er
sprang auf, drehte sich dreimal auf
dem Absatz herum, rief dazu »Hokus-
Pokus« – und schon war er so groß wie
die Giraffe. Da erschrak sie furchtbar
und galoppierte quer durch den Park
davon.

Doch neben dem linken Schuh des

194

Zauberers quakte eine Stimme im Gras: »He du! Wozu soll das gut sein, wenn man so endlos lang ist wie du?« Es war ein kleiner Frosch, der so sprach, und weil er ein kecker Bursche war, setzte er noch hinzu: »Mir würdest du vielmehr imponieren, wenn du so klein wärst wie ich. Aber das kannst du bestimmt nicht!«

»Oho, und ob ich das kann!« rief Ho-Po. »Paß einmal auf!« Er drehte sich wieder dreimal auf dem Absatz herum, diesmal auf die entgegengesetzte Seite, und rief »Hokus-Pokus«! Da begann er auf einmal zu schrumpfen, wurde kleiner und kleiner, bis er nur mehr eine Handvoll Zauberer war, ein winziges Männchen mit Zaubermantel und spitzem Hut. Jetzt war er etwa so groß wie der Frosch.

Der Grüne glotzte ihn verblüfft an. Dann quakte er: »Du bist ja tatsächlich ein toller Zauberer! Das macht dir so schnell keiner nach – alle Achtung!« Das war Labsal für unseren Ho-Po, er wollte ja stets bewundert werden, selbst wenn es nur ein kleiner Frosch war, der ihn lobte.

Doch da geschah etwas Unvorhergesehenes. Ein Storch landete auf der Wiese dicht neben ihnen. Rasch brachte sich das Fröschlein in Sicherheit. Unser Zauberer aber, der sich ja vor einem Storch nicht fürchtete, blieb ruhig stehen. Es war ihm nicht gleich eingefallen, daß er jetzt in einer so handlichen Gestalt steckte, daß ihn ein Storchenschnabel bequem packen konnte. Der Storch tat das auch, denn er hielt den winzigen Ho-Po für eine schmackhafte Beute. Der kleine Zauberer zappelte im Storchenschnabel und schrie nach Leibeskräften: »Hilfe! Was fällt dir ein, laß mich sofort los!« Der Storch war über das Gequieke so erschrocken, daß ihm der kleine Zauberer aus dem Schnabel rutschte. Das war seine Rettung. Ihm fiel – gerade noch zur rechten Zeit – ein Zaubersprüchlein ein, das ihn in eine Schild-

Der kleine Zauberer zappelte verzweifelt.

kröte verwandelte. Mit so einem harten Schildkrötenpanzer konnte nun der Storch nichts anfangen, und er wandte sich mißmutig ab.

Ho-Po atmete auf. Er war froh, nicht im Storchenmagen gelandet zu sein, aber als Schildkröte wollte er auch nicht sein Leben verbringen.

Ich kann euch sagen, es gab noch einige Schwierigkeiten, denn Ho-Po hatte das Sprüchlein für die Rückverwandlung in seine ursprüngliche Gestalt vergessen. Unser Zaubermeister Knisterbein mußte ihm zu Hilfe kommen, und der hat dann, das könnt ihr euch denken, nicht mit boshaften Bemerkungen gespart.

Armer Vetter Ho-Po: Es war aus mit seinem Traum, der größte Zauberer der Welt zu werden. Unser Knisterbein lacht noch heute darüber!

Ein Faschingsfest

Am Faschingsdienstag sollte im Träumeland ein großes Faschingsfest gefeiert werden. Ich hatte das brave Trinchen Troll beauftragt, alles für das Fest herzurichten, und es war voller Eifer davongesaust.

Am nächsten Abend aber kam mir Trinchen gar nicht lustig, sondern sehr mißmutig und verärgert entgegen.

»Trinchen, was hast du denn?« fragte ich. »Jetzt im Fasching sind alle Leute lustig, sie treiben Spaß, machen Musik, tanzen und singen, und du gehst herum mit so einem sauertöpfischen Gesicht. Wenn man dich ansieht, muß man gleich an eine Zitrone denken und nicht an einen frischen, rotbackigen Apfel!«

»Ach Sandmännchen«, seufzte das Trinchen, »wie soll ich denn fröhlich sein und lachen, wenn ich mich so ärgern muß über diesen Zauberziegenbart, diesen Hokus-Pokus-Kasperl, diesen albernen Larifari-Hanswurst!«

»Meint sie etwa *mich*?« entrüstete sich der Zaubermeister Knisterbein, der hinzugekommen war. Trinchen warf ihm einen bitterbösen Blick zu. Da wußte ich, aus welcher Ecke der Wind wehte.

Ich fragte also: »Hat der Zaubermeister dich wieder einmal geärgert, Trinchen? Deine Kästchen und Lädchen in Unordnung gebracht? Deinen Schlüsselbund verzaubert?

Das Trinchen nickte eifrig. »Ja, er hat seine Nase in meine Küche gesteckt und viel Unheil angerichtet. Dabei habe ich doch alles für das Faschingsfest herzurichten gehabt und die Faschingskrapfen...«

Trinchen Troll kam vor Entrüstung nicht weiter, und Zaubermeister Knisterbein fiel rasch ein: »Nur ein Späßchen, hab nur ein kleines Späßchen gemacht, so ein Larifarispäßchen!«

Das brachte unser Trinchen aber noch mehr in Fahrt. Es rief: »Bleib mir vom Leibe mit deinen Larifarispäßchen! Ich will dich nicht mehr in meiner Küche sehen, nie mehr!«

In diesem Augenblick wehte ein merkwürdiger Geruch aus der Träumelandküche bis zu uns, es roch ein wenig brenzlig.

»Es brennt irgendwo«, rief der Drache Pimerlan, der eine feine Nase hatte.

»Du liebe Zeit, was sollt' ich denn, was wollt' ich denn?« schrie Trinchen auf.

»Meine Krapfen verbrennen, meine guten Faschingskrapfen...« Trinchen stürzte davon. Sie hatte auf die Krapfen vergessen, die in der Pfanne brutzelten. Das war allerdings ein Malheur! Wir standen alle und schnupperten, in die Küche getrauten wir uns nicht. Graue Rauchschwaden zogen aus der Tür.

Der Zaubermeister, der selbst gern Krapfen aß, schimpfte: »Diese alte Schusselliese! Vergißt auf die Krapfen!

Diese Gackerhenne! Beklagen muß sie sich über mich!«

Heulend kam Trinchen Troll aus der Küche. Ihr Schluchzen war zum Steinerweichen: »Meine schönen Krapfen! Huuuuu, meine Krapfen sind alle ganz schwarz. Jetzt gibt es keine Krapfen, wenn die Kinder zum Fest kommen! Sandmännchen, was machen wir da nur?«

Ich wußte, offen gesagt, auch keinen Rat. Das Träumeland war mit Girlanden und Faschingsmasken geschmückt, die Musik war bestellt, sogar der Riese Bullebos hatte eine Narrenkappe auf, alles war zum Fest bereit, aber es gab keine Krapfen! Traurig war das, sehr traurig!

Da griff Zaubermeister Knisterbein ein. Streng fragte er Trinchen: »Waren die Krapfen gefüllt?«

»Mit feiner Marmelade!« hauchte Trinchen.

»Waren sie gut flaumig?«

»Wunderbar flaumig!«

»Wie viele hätten es denn werden sollen?«

»So viele, daß die große Schüssel vollgefüllt ist.« Traurig wies Trinchen auf eine himmelblaue Riesenschüssel.

Da schaute Zaubermeister Knisterbein erst einmal stolz in die Runde, dann hob er sein Zauberstäbchen und sagte:
»Das werden wir gleich haben!
Lirum larum, Zauberstund'
viele Krapfen, süß und rund!«

Das Zauberstäbchen zeigte auf die leere Schüssel, und tatsächlich, sie füllte sich in Blitzesschnelle bis zum Rand mit herrlichen goldbraunen, bezuckerten Krapfen.

Trinchen Troll schrie auf und klatschte in die Hände. Der Riese Bullebos staunte mit offenem Mund, und ich, das Sandmännchen, war ehrlich froh, daß uns der Zaubermeister mit seinem Zauber so wunderbar geholfen hatte.

»Bravo, Knisterbein!« rief ich. »Jetzt ist alles wieder gut, und wir müssen nur mehr auf die Kinder warten, die wir

heute fröhlich im Träumeland begrüßen wollen!«
Lachend nickte Trinchen Troll: »Ja,
und ich will mit dem Zaubermeister
tanzen, daß ihr alle staunen sollt!«